网络犯罪侦查
——公私合作与权利保护

郭晶◎著

WANGLUO FANZUI ZHENCHA
GONGSI HEZUO YU QUANLI BAOHU

知识产权出版社
全国百佳图书出版单位
—北京—

图书在版编目（CIP）数据

网络犯罪侦查：公私合作与权利保护 / 郭晶著 . —北京：知识产权出版社，2018.6

ISBN 978-7-5130-5609-0

Ⅰ.①网… Ⅱ.①郭… Ⅲ.①互联网络 - 计算机犯罪 - 刑事侦查 Ⅳ.①D918

中国版本图书馆CIP数据核字（2018）第120153号

内容提要

近年来，超大型互联网服务提供商已成为"数据帝国"，其拥有和控制的海量个人信息在网络犯罪侦查中至关重要。在面对网络犯罪侦查时，互联网服务提供商既对侦查机关负有技术支持协助义务，也对用户个人负有个人信息和隐私保护义务。因此，当两者出现冲突时应当如何进行平衡，值得深入研究。本书从网络犯罪侦查中公私合作的基本问题出发，指出了互联网服务提供商与侦查机关开展合作的原则，借鉴国内外经验分析了互联网服务提供商与侦查机关合作中应当遵循的程序限制、权利保护规则及义务，并对网络犯罪侦查中域外执法、白帽黑客等前沿问题进行了阐述。

本书可作为高等院校信息安全、网络犯罪侦查、网络安全、侦查学等专业的参考用书。

责任编辑：李 娟　　　　　　　　　　　　　责任印制：孙婷婷

网络犯罪侦查——公私合作与权利保护
WANGLUO FANZUI ZHENCHA——GONGSI HEZUO YU QUANLI BAOHU
郭 晶 著

出版发行	知识产权出版社有限责任公司	网　址	http：// www. ipph. cn
电　话	010 - 82004826		http：// www. laichushu. com
社　址	北京市海淀区气象路50号院	邮　编	100081
责编电话	010 - 82000860转8363	责编邮箱	laichushu@cnipr.com
发行电话	010 - 82000860转8101	发行传真	010 - 82000893
印　刷	北京中献拓方科技发展有限公司	经　销	新华书店、各大网上书店及相关专业书店
开　本	720mm×960mm　1/16	印　张	10
版　次	2018年6月第1版	印　次	2018年6月第1次印刷
字　数	210千字	定　价	68.00元

ISBN 978 - 7 - 5130 - 5609 - 0

自　序

本书出版由北京师范大学自主科研基金项目（新教师项目）"走向'官民共治'的网络犯罪治理新论"、上海社会科学院创新工程资助项目"刑事法学"创新学科团队资助。

笔者接触网络犯罪研究纯属机缘巧合，此前并无较多研究基础。2013年6月，笔者陪同北京师范大学刑事法律科学研究院的几位老师，代表国际刑法学协会中国分会去赫尔辛基大学参加国际刑法学第十九届大会的第四预备分会。该次预备分会的主题是"信息通信社会下的国际刑法"，具体内容涉及网络犯罪的犯罪地、管辖权、网络犯罪管辖冲突的解决机制、网络犯罪治理的刑事司法协助问题，以及人权保护问题等。参会过程中，每个与会人代表本国做有关网络犯罪刑事立法和司法状况的国别报告，报告时间约15分钟，然后再逐条审议由本次预备会主席撰写的第四预备分会决议，颇有外交谈判的氛围。自此之后，笔者对网络犯罪的研究产生了兴趣，尤其是对网络兴起后电子证据在网络犯罪侦查甚至所有犯罪侦查中的作用这一问题引起了重视。虽然笔者坚持主权至上原则的立场，但也发现有些国家已经对侦查机关主动接洽域外的互联网服务提供商，请求提供协助侦查的证据材料的操作习以为常。司法协助不再是跨境网络犯罪侦查的必由之路。

受到此次参会经历的鼓励，笔者回国后为深入研究此问题，联系了几个互联网公司，包括在国内有领先服务、优势客户基础的大型互联网服务提供商，前往调研。在调研中，偶然得知这些企业在协助公安机关侦破刑事案件中"屡有功绩"。这个重要发现为笔者后来申请北京师范大学自主科研基金的选题奠定了基础。根据《中华人民共和国刑事诉讼法》的规定,任何单位发现有犯罪事实或者犯罪嫌疑人,有权利也有义务向公安机关、人民检察院或者人民法院报案或者举报。并且,任何单位有义务按照人民检察院和公安机关的要求,交出可以证明犯罪嫌疑人有罪或者无罪的证据。但在此过程中,人民检察院和公安机关从互联网服务提供商获取证据应当遵循何种程序,互联网服务提供商在协助公安机关破案的过程中是否有可能侵犯到用户的隐私或其他权利,互联网服务提供商在协助网络犯罪侦查中承担怎样的具体义务等,这些问题一直萦绕在笔者心头。正在此时,北京师范大学为鼓励新教师科研,培养新教师成长,向全校开放申请自主科研基金项目。笔者刚刚进校一年,符合申报条件,并幸运地申请成功,当时的课题名称定为"走向'官民共治'的网络犯罪治理新论"。

随着调研的深入和专著撰写过程中的再思考,"官民共治"和网络犯罪治理两个命题都太过宏大,若继续以此课题为名撰写专著,可能会出现论证从"概念"到"概念"、从"理念"到"理念"的情况。为使研究更加集中,问题更加突出,笔者决定将"网络犯罪治理"聚焦到"网络犯罪侦查"这个具体环节,并从"官民共治"中选择"侦查机关和互联网服务提供商的合作"这个角度,最终形成了《网络犯罪侦查——公私合作与权利保护》一书。

毕竟本书主要内容偏向刑事程序法,而笔者此前并没有较多的研究基础,硕士、博士阶段的主要研究方向都集中在国际刑法。所幸笔者得到来自北京师范大学各位老师的鼓励,上海社会科学院同事的关心,父母爱人的鞭策和帮助,以及本书编辑的宽容。感谢你们的心意和力量,本书才得以完成。

郭　晶
2018 年初于上海

目　　录

引　言

2018年3月17日,脸书(fcaebook)这个在全球拥有20亿用户量的最大社交网站深陷数据泄露泥潭。据美国《纽约时报》和英国《观察家报》报道,27万脸书用户在2014年下载了平台上一款名为"这是你的数字化生活"(this is your digital life)个性分析测试应用软件。[1]该应用软件为英国剑桥大学心理学教授亚历山大·科根开发,共搜集到27万下载用户及他们的脸书朋友,共计5000万人的数据。[2]数据主要是脸书用户档案信息,如用户的住址、性别、种族、年龄、工作经历、教育背景、人际关系网络、平时参加的活动种类、发表阅读及点赞的帖子等。报道称,科根教授将该软件搜集到的数据信息卖给了剑桥分析公司用来进行分析和建模,以预测并影响政治活动中公众的选择。美国总统唐纳德·特朗普的竞选团队及推动英国脱离欧洲联盟公民投票的"脱欧"阵营都曾与该分析公司有合作。事件发生后,脸书股价遭受4年来的最大单日跌幅,而美国与欧洲也都启动了对该事件的调查。[3]

上述事件说明,目前活跃用户数以亿计的超大型互联网服务提供商

---

[1] 脸书要完?![EB/OL].(2018-03-21)[2018-05-01]. http://news.sina.com.cn/o/2018-03-21/doc-ifysnhwy5877093.shtml.

[2] 5000万用户信息泄露　脸书失去对数据的控制?[EB/OL].(2018-03-21)[2018-05-01]. http://www.xinhuanet.com/world/2018-03/21/c_129833176.htm.

[3] 脸书5000万用户数据泄露　市值蒸发500亿美元[EB/OL].(2018-03-22)[2018-05-01]. https://finance.qq.com/a/20180322/003248.htm.

已经成为"数据帝国"。而这些"数据帝国"拥有和控制的海量信息,关系着每个用户的人身安全、财产安全及隐私和信息权益。一旦发生信息泄露,则会造成人人自危的恐怖局面。在信息社会,拥有用户(尤其是黏性用户),掌握他们的信息和数据,就相当于拥有一台马不停蹄的印钱机器。2018年,腾讯公布2017年经审核的全年综合业绩。2017年,腾讯全年总收入为2377.60亿元,比2016年同期增长56%,公司权益持有人应占盈利比2016年同期增长74%。❶像腾讯这样的业界巨头,仍然能以超越初创公司的业绩增长势头前进,其体量和能量除了能影响经济市场,也能为社会治理贡献力量。据报道,2015年,腾讯专门组织了遏制网络犯罪的措施,取名为"雷霆行动"。2015年,腾讯协助全国各地警察侦破600多起网络犯罪案件。❷此外,腾讯守护者计划安全团队协助公安机关抓获犯罪嫌疑人96名,查获涉及物流、医疗、社交、银行等各类被盗公民个人信息50亿条❸,腾讯大金融安全项目也协助公安机关破获多起金融诈骗、非法集资等财产犯罪类案件❹,腾讯安全反诈骗实验室协助警方破获App诈骗多起。

然而,拥有先进技术和超大量用户信息和数据的互联网公司,并不都能像我国的互联网公司那样勇于承担自己的社会责任,为犯罪侦破贡献技术协助、专家人员,甚至提供资金保障。也有互联网公司以保护用户隐私、尊重用户协议为由拒绝配合侦查机关的调查。大洋彼岸曾一时

---

❶ 腾讯2017年财报:净利润715.1亿同比增长74%[EB/OL]. (2018-03-22)[2018-05-01]. http://sc.stock.cnfol.com/ggzixun/20180322/26178823.shtml.

❷ 腾讯协助警方侦破网络犯罪案件600多起[EB/OL]. (2016-01-19)[2018-05-01]. http://www.idcicp.com/news/news/?1943.html.

❸ 腾讯守护者计划协助公安破案查获50亿条公民个人信息[EB/OL]. (2017-03-10)[2018-05-01]. http://toutiao.manqian.cn/wz_1aBia42RYmH.html.

❹ 腾讯大金融安全协助警方破获非法返利案多名嫌疑人被捕[EB/OL]. (2016-11-18)[2018-05-01]. http://finance.huanqiu.com/roll/2016-11/9700064.html.

甚嚣尘上的美国联邦调查局（FBI）大战苹果公司"手机解密事件"，也充分暴露了不同国家和地区对公共安全、集体利益、个人隐私、数据隐私等价值选择上的优先差异。尽管有传言认为，苹果公司与FBI表面对抗、桌下言和，为公众上演了一场安全和隐私较量的大戏，但毕竟没有得到证实。更多证据表明，是一家以色列安全公司帮助FBI解开了犯罪嫌疑人的苹果手机。

　　因此，我们会遇到一个两难问题，究竟拥有海量数据的互联网服务提供商是否有义务配合警方侦查犯罪？像苹果公司那样不配合，则会阻碍犯罪的侦查，尤其是在面对恐怖主义犯罪侦查时，提前一分一秒获取信息都是至关重要的。加密程序复杂，侦查机关若没有企业的技术支持，解密信息举步维艰。像腾讯公司那样配合，则很可能侵害用户的隐私。大数据时代的个人生活与数据的高度关联性，会导致提供一小部分数据就轻易暴露了某个人的全部生活。因此，面对这样的两难，应该做出怎样的选择？目前还没有答案。在西方，这是未来几年各方力量角逐的战场：FBI正在国会推动新的立法，要求互联网服务提供商配合侦查；而那些饱受恐怖主义袭击伤害的欧洲国家，如英国、比利时等已走在了前列。在我国，根据《刑事诉讼法》《中华人民共和国网络安全法》（以下简称《网络安全法》）的相关规定，互联网服务提供商具有较多的配合侦查的义务，包括发现罪案后举报的义务。但随着近年来公民权利意识的加强，隐私保护需求的增加，以及国人对移动设备、数据生活的依赖性上升，互联网服务提供商获取涉公民隐私和信息安全的权利边界，包括进而提交或出示给侦查机关的权利界限问题，也必将在未来几年逐步浮出水面。尽管上述两难问题近几年仍会一直处在动态变化中，但梳理目前已有的理论、相关立法、判例，仍然是非常有意义的。这些基础工作有利于我们了解各国在这场博弈中分别站在天平的哪端，又分别使用了什么标准、方法来平衡双方。为进一步引出本书研究的具体问题，特虚拟以下案例,本书的研究也将主要围绕以下案例中的问题展开。

假设:行为人甲在A国被怀疑进行网络贩毒,A国警方已掌握部分证据,但并不清楚其毒品的来源。在搜查甲的通话记录和短信记录无果后,A国警方决定调取嫌疑人甲的邮件记录,也就是2017年3月至6月间的邮件往来情况(包括寄信人地址、收信人地址、使用的IP)。警方向提供邮件服务的互联网公司请求提供相关数据。根据邮件服务商提供的数据,警方发现甲与另一行为人乙联系密切。警方想进一步了解两者的通信内容,再次向邮件服务商提出了提供邮件内容信息的请求。此时,该邮件服务商是否应当配合警方调查?若拒绝,警方通过何种程序可以使邮件服务商强制披露?警方向法官申请搜查令,法官应依照何种准则批准或拒绝签发搜查令?假设警方通过分析甲乙邮件内容,发现乙并没有售卖毒品给甲,而是贩卖武器,相关邮件内容是可否作为定罪依据?还是应该作为非法证据排除?又或者警方通过分析甲、乙的邮件内容,发现乙并没有售卖毒品给甲,但乙向甲提供了有偿性服务,而卖淫在A国违法,可以被处以治安处罚,相关邮件内容可否作为行政处罚的依据?邮件服务商是否应告知甲、乙曾向警方提供二人的邮件内容,若应该,应该在何时?又或者,案件侦查结束后,查实甲、乙无嫌疑,是否应由警方主动销毁所调取的电子证据,并告知当事人此情况?

最后,假设上述情况中,嫌疑人甲使用的是在A国有经营业务,在B国注册登记,服务器在C国的一家互联网公司的邮箱,该互联网公司是否应当提供协助?

希望读者在阅读全书后对以上案例中的问题能有初步的解答。

第一章　网络犯罪侦查中公私合作的基本问题

第一节　网络犯罪概述

一、概　念

关于"网络犯罪"（cyber crime），没有一个标准的定义。网络犯罪时常又被指称"计算机犯罪"（computer crime）"高科技犯罪"（high tech crime）"互联网犯罪"（internet crime）和"信息时代犯罪"（information age crime）。❶

对于网络犯罪的理解，各国存在很大差异。比如在美国，"人民诉莱斯（People v. Rice）案"❷中，被告人使用了智能手机系统（computerized phone system）来做一个失业金申领的周申报。当系统询问她是否在本周工作了，她按下了数字"9"代表回答"否"，尽管那周她有工作。莱斯因此触犯了科罗拉多州的《计算机犯罪法》，并根据该法被定罪。莱斯的行为其实就是打电话到申报系统骗取本不应获得的津贴，但因为符合了计算机犯罪法的条文，被定为计算机犯罪，她本可以按照普通诈骗罪被起诉。❸

---

❶ CLANCY T K. Cyber crime and digital evidence：materials and cases[M]. San Francisco：LexisNexis，2011.

❷ People v. Rice，198 P. 3d 1241（Colo. Ct. App. 2008）.

❸ CLANCY T K. Cyber crime and digital evidence：materials and cases[M]. San Francisco：LexisNexis，2011.

二、分　类

网络犯罪是很难被轻易分类的,也不存在对网络犯罪系统化的分类。网络犯罪包括在网络产生之前就存在的,后来延伸到互联网的犯罪,也包括专属于21世纪世界被网络互联互通后的犯罪。

目前而言,网络犯罪大致有如下几种分类方法。第一种分类方法:侵害个人信息及名誉隐私的网络犯罪、侵害财产的网络犯罪、侵害国家利益的网络犯罪。❶第二种分类方法:计算机和网络作为犯罪对象,计算机和网络作为犯罪工具,计算机和网络作为犯罪载体。❷第三种分类方法:非法侵入与非法拦截,其他与计算机相关的犯罪,内容相关犯罪,以及侵犯知识产权及相关权益的犯罪。❸第四种分类方法:计算机协助的犯罪(computer-assisted crime)和计算机为核心的犯罪(computer-focused crime)。前者指计算机仅仅便利了法律已规定的犯罪的情况,如网络盗窃、网络散布儿童淫秽物品;❹这些犯罪在计算机,互联网产生之前就存在,但网络让这些犯罪可以以新的方式实施,比如非法侵入银行账户,或者在网站上发布非法的资料。后者是指以计算机为犯罪行为固有部分,只有在计算机产生之后才存在。最典型的是非法入侵(hacking)。有论点认为该分类太过粗放,于是建议更加细化为三类:被互联网扩大(expanded)或加强(enhanced)的传统犯罪,被互联网普遍化(generalised)

---

❶ GHERNAOUTIHELIE S. Cyber power: crime, conflict and security in cyberspace [J]. CRC Press, 2013: vi.

❷ CLANCY T K. Cyber crime and digital evidence: materials and cases [M]. San Francisco: Lexis-Nexis, 2011.

❸ PEDRO LETAI. Cyber law in spain [EB/OL]. (2017-10-10) [2018-05-01]. https://www.doc88.com/p-7468757093631.html?r=1.

❹ GILLESPIE A A. Cyber crime: key issues and debates [EB/OL]. (2017-10-10) [2018-05-01]. https://www.researchgate.net/profile/El-Sayed-El-Aswad/publication/298434796_Cybercrime_Key_Issues_and_Debates/links/56e97d0e08aedfed738993a4/Cybercrime-Key-Issues-and-Debates.pdf.

和加剧（radicalised）的传统犯罪，互联网创造的犯罪行为。第一类如信用卡诈骗犯罪，自信用卡产生以来一直存在，如复制卡、诈骗 ATM 机等，但互联网和电子商务的发展增强了信用卡诈骗犯罪的传播。第二类如网络欺凌（cyber bullying）。尽管欺凌一直存在，当使用通信科技，欺凌可以发展成更加有害的方式。被害人以前对传统欺凌可以躲藏，现在无处可躲。❶第三类如网络非法入侵，该类犯罪仅在互联网诞生后才产生。

三、危　害

2017 年 1 月 12 日，中央政法工作会议在北京召开，会议指出，中国网络犯罪占犯罪总数的 1/3，并以每年 30% 以上幅度增长。根据北京市公安局网络安全保卫总队、北京网络安全反诈骗联盟联合 360 互联网安全中心共同发布的《2015 年第一季度网络犯罪数据研究报告》，近年来侵害网民财产和个人信息安全的网络犯罪行为日趋猖獗。2015 年第一季度，北京网络安全反诈骗联盟共接到网络诈骗报案 4920 例，报案总金额高达 1772.3 万元，人均损失 3602 元。其中，PC 用户报案 3773 例，报案总金额为 940.5 万元，人均损失 2493 元；360 手机用户报案 1147 例，报案总金额为 831.8 万元，人均损失 7252 元。❷

放眼全球，赫维哈维集团（Herjavec Group）预测到 2021 年网络犯罪将造成世界范围每年 6000 亿美元的损失。❸

---

❶ GILLESPIE A A. Cyber crime：key issues and debates［EB/OL］.（2017-10-10）［2018-05-01］. https://www.researchgate.net/profile/El-Sayed-El-Aswad/publication/298434796_Cybercrime_Key_Is-sues_and_Debates/links/56e97d0e08aedfed738993a4/Cybercrime-Key-Issues-and-Debates.pdf.

❷ 网络诈骗犯罪数据发布已有百万余恶意网站入库［EB/OL］.（2015-04-28）［2018-05-01］. http://news.hsw.cn/system/2015/0428/243354.shtml.

❸ MORGAN S. 2017 Cybercrime report，herjavec group［EB/OL］.（2018-03-23）［2018-05-01］. https://cybersecurityventures.com/2015-wp/wp-content/uploads/2017/10/2017-Cybercrime-Report.pdf（latest access on March 23rd 2018）.

　　欧盟是全球互联网体系最发达的地区,信息通信技术(Information Communication Technology,ICT)创造的产值在其地区生产总值中比重可观。固网、移动网络和卫星技术已覆盖到全部人口的99.9%,并支配着人们的日常生活方式。正是对网络服务的高度依赖令欧洲人对于网络安全问题十分敏感。根据黑客攻击(hackmageddon)网站统计,欧盟仅在2012年10月到2013年5月间就发生了65起网络攻击事件,最多的一个月达到19起,而这只是"冰山一角"。欧洲晴雨表2013年的调查显示,欧盟网民中有12%因网络攻击被中断服务,12%被黑客攻击过社交媒体或邮件账户,10%经历过网络诈骗,7%是网银诈骗受害者,另有6%网上身份被盗。网络安全事件频发引发了民众对网络的信任危机,绝大多数人担心网站安全防护措施以及个人信息的安全,并认为自己将遭受网络犯罪攻击的风险提高了。❶

　　据法国《观点》杂志报道,2011年法国有超过1000万人成为网络犯罪受害者,经济损失高达25亿欧元,比上一年增加了38%。全法国的社会、政治、经济、文化各方面都受到信息攻击和网络犯罪的威胁。❷

　　在北美地区,仅在2010年,加拿大反诈骗中心就收到了来自18 146位受害者的身份欺诈报告,总损失超过940万美元,其中以支付卡欺诈最为常见。据估计,还有多起身份盗窃与欺诈案件并未向警方报告。英国国际网络安全保护联盟的一份调查显示,69%的加拿大商业公司受到过不同形式的网络攻击,可见网络安全漏洞已给加拿大民众的人身和财产安全以及商业信息安全造成威胁,严重影响经济运行并破坏了经济的良性发展。❸美国政府早期应对网络犯罪问题,主要致力于甄别和威慑制造和传播网络害虫(病毒和恶意程序等)的人。例如,联邦调查局和国土

❶ 周秋君.欧盟网络安全战略解析[J].欧洲研究,2015(3):62.

❷ 李志伟.法国网络安全战略正兴起[N].人民日报,2013-01-01(003).

❸ 唐小松.加拿大网络安全战略评析[J].国际问题研究,2014(3):98-99.

安全局都有一定的资源来与网络犯罪做斗争，国会也通过了一些刑事法律，以期打击制造网络病毒和其他形式的恶意计算机代码的犯罪分子。❶根据美国联邦调查局互联网犯罪投诉中心（Internet Crime Complaint Center，IC3）的年度报告显示，2016年最严重的网络犯罪为商务电子邮件诈骗（business email fraud）、勒索软件（ransom ware）、技术支持型诈骗（tech support fraud）和敲诈勒索（extortion）。每年大约接到280 000次申诉。根据身份盗窃资料中心的数据，2016年，美国的企业和政府机构遭受了1093次数据侵害，相较2015年增长了40%。此外，同年每三个使用智能设备上网的人中，就有一个有可能遭受数据侵害。❷

更值得警醒的是物联网（Internet of Things，IoT）接入互联网后的网络攻击事件。比如近年来随着手机等智能电子设备的普及，大型玩具厂商如美泰（Mattel）和伟易达（VTech）分别开始制造能够利用无线网络技术（Wi-Fi和蓝牙）的产品。其中"哈啰芭比"（Hello Barbie）和"我的朋友凯拉"（My Friend Cayla）是爆款产品。两款玩偶内置了能够接入互联网的设备，可以借助语音识别软件和谷歌翻译技术与小朋友交流。玩具公司承诺，"我的朋友凯拉"玩具还安装了软件可以隔绝数以百计不适合儿童的词汇。然而，网络安全专家肯·门罗（Ken Munro）却认为，黑客很容易就可以侵入玩偶的程序，通过篡改程序让玩偶说可怕、污秽的词语。❸在2015年，包括Hello Barbie和Cayla在内的智慧型玩偶遭到了数据黑客攻击。之后，这些会讲话的玩偶一度受到了公众的抵制，尤其是隐私维权

---

❶ The electronic communications privacy act，Pub. L. No. 99-508，100 Stat. 1848（1986）（codified as amended in scattered sections of 18 U.S.C）；and the computer fraud and abuse act，Pub. L. No. 98-473，98 Stat. 1837，2190（Oct. 12，1984）［codified as amended at 18 U.S.C § 1030（2002）］.

❷ WALSH R. Why there is a 1 in 3 chance you'll get hacked in 2016，best VPN［EB/OL］.（2016-03-02）［2017-07-10］. https://www.bestvpn.com/blog/43225/get-hacked-one-in-three/.

❸ DAVID MOYE. Talking doll cayla hacked to spew filthy things（Update）［N］. HUFFPOST，2017-11-28.

人士、家长团体,甚至德国政府。这些智慧型玩具被贴上了"诡异的""不安全的"甚至"间谍设备"的标签。❶网络和计算机的广泛普及和深入生活,不仅带来生活的多样性,也带来了很多潜在隐患,使得以前只能当面实施的猥亵儿童行为,可以依靠远程实施,并且可能一个行为破坏数个玩偶,其危害是无法估量的。

第二节　侦查机关与互联网服务提供商合作的必要

随着信息通信技术的发展,网络空间的出现催生了一些特殊的需要尊重和保护的法益。如个人隐私,信息通信技术网络的保密性、完整性和可利用性,个人信息在网络空间的完整,等等。一些传统犯罪如欺诈类、伪造类及知识产权类犯罪,通过使用信息通信技术网络和空间,其行为的社会危害呈级数放大。立法者、法官和刑事司法体系中的人员应当接受这个日益严峻的挑战。❷为此,大部分法域几乎都出现了大量规制和犯罪化的现象。网络犯罪立法的活性化、网络帮助行为正犯化、网络犯罪预备行为正犯化❸接踵而至。与此同时,新型网络犯罪的出现及传统犯罪的网络化也给刑事侦查带来了挑战。

有论者指出:"全球网络治理,正在安全与自由艰难取舍的崎岖道路上蹒跚前行。"❹由于借助了计算机网络,许多犯罪的社会危害性急剧

---

❶ MOINI C. Mandated ethical hacking-a repackaged solution[EB/OL].(2017-03-03)[2018-04-10].https://scholarship.richmond.edu/law-student-publications/144/.

❷ INTERNATIONAL ASSOCIATION OF PENAL LAW. Resolutions of the congresses of the international association of penal law(1926—2014)[Z]. Nineteenth International Congress of Penal Law "Information Society and Penal law":438.

❸ 预备行为比如制造、散布和持有病毒软件等可能单独成罪,如果该预备行为造成了危害或对信息通信技术网络的保密性、完整性和可利用性,或对其他受保护法益造成了具体的危险。

❹ 吴沈括.反恐形势下的全球网络治理发展态势研究[J].网络空间研究,2016(4):54.

增加,技术含量和隐蔽性也急剧增加,仅仅依靠传统侦查措施往往很难破获。❶

　　侦查是侦查机关为收集犯罪证据、查明犯罪事实而进行的一系列调查活动。❷这些活动是侦查机关代表国家针对个人进行的追诉活动。侦查机关在行使国家赋予的追诉职责和权力时,既承担着侦破案件,查明并抓获犯罪嫌疑人,挽回国家、集体和个人财产损失的职责,也担负着在此过程中尊重和保障人权,依照法律允许的程序和规则收集证据的义务。虽然案件侦破的责任和义务在侦查机关,但在网络犯罪侦查中,经常出现有些关键证据的获取,必须依赖互联网服务提供商配合的情况。一方面,服务商能够甄别犯罪嫌疑人的账号信息;另一方面,关键信息和数据存储于某服务商的服务器上。此外,服务商配合的速度也决定证据是否能够保全等。

一、重要证据只存储在服务商的服务器上

　　信息时代变革的节奏是前所未有的,信息的存在与取得方式的飞跃使证据收集、证据立法及证据学研究面临诸多考验。在证据信息化的趋势下,以计算机及其网络为依托的电子数据在证明案件事实的过程中起着越来越重要的作用。2012年的《刑事诉讼法》第48条规定证据包括"视听资料、电子数据",第一次将电子数据作为一种证据种类单列出来,赋予了电子证据明确的法律地位。这些电子证据一般存在于计算机系统内、网络上及其他存储介质中。这些电子证据,除了犯罪嫌疑人个人电脑的系统日志文件、备份介质、程序、脚本、进程、内存印象、交换区文件、临时文件、硬盘未分配空间、系统缓冲区以外,还有很多信息存储在互联

---

❶ 陈永生.计算机网络犯罪对刑事诉讼的挑战与制度应对[J].法律科学(西北政法大学学报),2014(3):140.

❷ 陈瑞华.比较刑事诉讼法[M].北京:中国人民大学出版社,2010:266.

网服务提供商的服务器上。

　　例如，赌博网站收取赌资、转移支付，手段隐蔽、技术高明。他们通过使用自动清算所（automated clearing house）系统接受客户支付的资金。系统通过生成与赌博无关的公司名的方式，将赌徒的支票账号轻易变为网络赌博公司的电子账目。赌徒只要登录网络赌博公司的网站并输入银行账户信息即可。❶这就使得打击网络赌博变得异常艰难。即使有专业的侦查队伍，也存在着收搜集证据、固定证据的难题，因此，为该赌博网站提供网络接入服务的服务商可能成为获取案件电子证据之症结，侦查机关与互联网服务提供商的合作就显得尤其重要。

二、服务商配合的速度和程度决定证据能否被保全

　　以网络聊天诈骗犯罪为例，犯罪成本低、收益高，多是跨区域团伙专业作案，隐蔽性高、侦查取证难。这类电信诈骗的证据获取渠道是非常不畅通的。网络诈骗犯罪多以互联网为媒介，辅以银行卡的使用，还有不少是通过游戏账户、支付宝账户的交易进行。破获此类案件的关键是要能够在较短的时间内查明这些资源的交叉点，查明电信流和资金流的来源从而发现线索和突破口，进而快速获得犯罪证据，锁定犯罪嫌疑人。但由于电信、移动、联通、广电等互联网垄断单位，银行、腾讯、淘宝等金融、互联网专业公司配合侦查调取证据，需要很多复杂的审批程序，往往导致案件侦查因审批时间的漫长而贻误战机。❷

　　再比如，过去几年中沸沸扬扬的"微软诉美国案"❸。在微软取得上

---

❶ 陈永生.计算机网络犯罪对刑事诉讼的挑战与制度应对[J].法律科学（西北政法大学学报），2014（3）：141.

❷ 贺海辰.浅议以网络聊天工具为媒介的网络犯罪防治[J].科学大众·科学教育，2015（5）：170.

❸ 美国司法部为犯罪侦查请微软协助搜查某账户的邮箱，微软以相关信息存储在外国的服务器上为由拒绝提供，故而引发诉讼。

诉法院支持后,司法部不服判决,继续申请到美国联邦最高法院。司法部在向美国联邦最高法院申诉的请愿书第1点a项中写道:

> 微软是一个美国公司,在华盛顿州组建,总部也设在华盛顿州。公司经营免费的网络电子邮件服务,比如MSN和Hotmail。该公司将用户邮件的内容和其他多种多样的与用户邮件账户有关的信息,比如IP地址和邮件联络人存储在近100万个服务器上。这些服务器则存放在40个国家的近100个数据中心……❶

司法部将这段数据放在请愿书的第一点来论证是聪明的一招,该数据是相当有冲击力的。首先,是数据的海量,警察在侦查过程中为发现案件事实所需要的重要证据就有可能藏在这海量数据之中;其次,跨国互联网服务提供商已经成为自己领域内的强大帝国,拥有庞大的数据信息和精细的内部政策,通过改变数据的存放地址,以被请求披露数据存放在外国为由抗辩拒绝提交信息,互联网服务提供商可以事实上控制侦查的进展甚至结果。

第三节　侦查机关与互联网服务提供商合作的理论依据

一、综合治理之倡导

中国共产党第十八届三中全会指出:"要改进社会治理方式,激发社会组织活力,创新有效预防和化解社会矛盾体制,健全公共安全体系。设立国家安全委员会,完善国家安全体制和国家安全战略,确保国家安全。"

推进网络犯罪治理的社会参与是新时期网络犯罪治理的必然选择。

---

❶ Department of justice, petition for a writ of certiorari, in the matter of a warrant of search a certain email account controlled and maintained by microsoft corporation, in the supreme court of the united states[EB/OL].(2018-03-15)[2018-05-01]. https://www.justice.gov/sites/default/files/briefs/2017/06/28/17-2_microsoft_corp_petiton.pdf.

在治理网络犯罪方面,社会力量的参与、协助和配合至关重要。社会合作联动是新时期网络犯罪治理的具体方式。要推进新时期治理网络犯罪的社会合作联动,努力形成多方参与、协作共赢的社会防控机制,进一步提升预防、打击网络犯罪的能力和水平,形成防范网络犯罪的社会合力。要提高社会公众防范网络犯罪的意识和能力,针对网络犯罪常见类型、惯用手法和动态特征等开展多层面、多角度宣传,重点强化对金融机构、网络购物平台等网络犯罪易发、多发领域的监控,让公众充分了解和认识网络犯罪的社会危害性,提升防范网络犯罪的意识和能力。联合企业主体共同参与网络犯罪治理是新时期网络犯罪治理的关键环节。治理网络犯罪不能仅仅依靠国家力量,而且要切实联合网络硬件生产商、网络基础服务提供商、网络应用服务提供商、金融、电信等众多企业主体,使他们通过建立健全内部监管制度和积极落实必要的安全保护技术措施,共同构筑起强大的网络安全防范体系,从根源上切断网络犯罪背后的利益链条和技术通道,为治理网络犯罪活动打下坚实基础。引导公众、鼓励公众参与网络犯罪治理是新时期网络犯罪治理的重要组成。要拓展社会公众参与网络犯罪防治的路径,在完善社会公众参与网络犯罪防治的传统路径的同时,努力拓展微博、微信、客户端等新媒体路径,建立公众举报奖励制度,调动社会公众参与网络犯罪治理的积极性。❶

加拿大认为对于网络威胁要采取综合治理手段。由于部门、地域、管辖权之间的相互交错,对于网络威胁的应对、损害结果的补救,需要私有和公有部门的合作和各利益相关方的合作。❷

二、公民参与之必要

公民参与司法是现代民主和法治的重要体现,《刑事诉讼法》中也明

---

❶ 如何加强网络犯罪治理[N]. 光明日报,2014-08-09(07).

❷ 雷珩. 加拿大网络安全治理框架[J]. 中国信息安全,2013(10):50.

确规定了"依靠群众的原则"。其他国家也都在积极进行公民参与司法的改革活动,我国也需要顺应这种发展趋势。2012 年的《刑事诉讼法》第108 条规定:"任何单位和个人发现有犯罪事实或者犯罪嫌疑人,有权利也有义务向公安机关、人民检察院或者人民法院报案或者举报。"在侦查、起诉、审判环节都规定了一些民众参与的制度,比如公民报案、举报、扭送犯罪嫌疑人、现场勘察见证人、人民陪审员等。侦查机关与互联网服务提供商的合作并不等于互联网服务提供商要代替侦查机关进行犯罪侦查。服务商既无这样的权力,也无相应的义务。2012 年的《刑事诉讼法》确立了侦查权、检察权、审判权专属原则。所谓"权力专属"是指侦查权、检察权、审判权专由公安机关、检察院和法院行使,其他机关、团体、个人都无权行使这些权力。[1]《网络安全法》第 6 条规定:"国家倡导诚实守信、健康文明的网络行为,推动传播社会主义核心价值观,采取措施提高全社会的网络安全意识和水平,形成全社会共同参与促进网络安全的良好环境。"可见全社会共同参与是促进网络安全的基本策略。

世界主要法治发达国家也都在积极进行公民参与立法、司法的改革活动。网络犯罪的侦查,仅仅依靠警察而不寻求互联网服务提供商的帮助合作往往是效率很低的,两者的有效配合在网络犯罪侦查中是极为必要的,且两者所扮演的角色不同,执法者应该坚守维护法律,服务提供者应提供用户交流的服务。当前,大部分国家所面临的一个重要问题就是这两者之间应如何配合,使得互联网更加安全,同时尊重两者的不同角色以及互联网用户的基本权利。解决该问题的一个关键环节,同时也是合作的前提条件,就是存在清晰的立法来明确各自的责任、职权及局限性。

三、与 PPP 的联系与区别

20 世纪开始,西方国家开始在公私合作领域进行尝试,之后全速推

---

[1] 张建伟.法律正当程序视野下的新监察制度[J].环球法律评论,2017(2):78.

行。以德国为例,2004 年,公私合作项目在公共投资中所占的份额已经超过4%,范围覆盖行政机关、法院办公场所、医疗设施、休闲文体领域、培训领域、学校幼儿园等。公权力和私人间各种纷繁复杂的合作都被定义为PPP。所谓PPP,是指国家机构和私人经济主体之间不同形式的协作,而该协作的目的是完成原本应由国家部门承担的公共任务。但由于公私合作现象纷繁复杂,因此德国学者也认为很难从法学或管理学为公私合作作出概念界定,因此更倾向于将PPP作为一项集合性概念,包含所有的"公私之间自愿的、正式的和长期的,以共担责任,通过纳用私人资源来完成公共任务为目标的合作"。❶所以从广义的集合性概念而言,执法部门为了犯罪侦查这个公共任务的目标,通过与私人性质的互联网服务提供商合作,属于PPP的范畴。

然而,PPP通常情况下只有合同性质的PPP与机构性质的PPP,大多数时候又分为以下三种主要类型:(1)非正式合作模式;(2)互易合同下的合作;(3)混合经济公司模式。可见,执法部门和互联网服务提供商的合作,是PPP众多合作模式中受关注度较低的一种。其原因主要有三点。第一,执法部门与互联网服务提供商的合作不涉及行政任务民营化,也就是国家将某项任务从根本上转移至私人部门,国家不再担任此项任务。❷第二,公私合作大多通过合同方式进行,而执法部门与互联网服务提供商多数情况并无正规合同可参考,即使现在西方国家鼓励执法部门与互联网服务提供商进行制度化协议化的合作,进行定期的情报分享、信息互换。但是,这多是一种倡议和鼓励,互联网服务提供商出于对用户利益的保护,通常不太情愿与执法部门配合。也就是说,当互联网服务提供商在考虑与执法部门合作时,存在冲突的利益抉择,有较多考量因素。这点跟大多数公法合同有差异,大多数公法合同的缔结,私权

---

❶ 赵宏.德国公私合作的制度发展与经验启示[J].行政法学研究,2017(6):14.

❷ 赵宏.德国公私合作的制度发展与经验启示[J].行政法学研究,2017(6):14.

一方并不必然面临对提供服务个人的权益侵扰。第三,PPP项目的进行必须符合经济和节约原则,以及透明化要求,但执法部门为网络犯罪侦查向互联网服务提供商请求的合作,并不一定符合上述原则和要求。一方面,因为互联网服务提供商对信息数据,包括用户数据、交互数据及内容数据进行留存时,显然要花费更多成本,与经济和节约原则相悖;另一方面,执法部门的侦查过程和侦查发现证据并不会实时通知被调查的犯罪嫌疑人,所以有可能执法部门与互联网服务提供商的合作是网络用户所不自知的,这取决于用户所签署的用户协议、互联网服务商自定政策及各国刑事诉讼法的规定。

第四节 侦查机关与互联网服务提供商合作的顶层设计

网络大国在进行网络安全顶层设计时,首先考虑的都是数据主权的问题。各个国家对域外的互联网企业均保持高度警惕,防止国民隐私数据被跨国网络企业攫取。苹果公司以360软件可能窥视苹果用户手机隐私为名,禁止360软件入驻App Store(苹果应用程序商店)。美国众议院则以"中兴、华为威胁美国国家安全"为由,对两家中国企业进行调查和制裁。德国对谷歌发起"反谷歌分析行动",是对谷歌超强信息抓取能力的反制。中国则以"外国公司在中国经营必须遵守中国法律,谷歌公司违背进入中国市场时的书面承诺"为由,屏蔽谷歌。❶

2000年,欧美签署"数据安全港"协议。受"棱镜门"事件影响,欧洲网络用户对美国政府侵犯用户隐私的做法普遍不满,且欧洲各国政府也因为美国开展"大规模数据监控"对国家安全造成危害非常担忧,因此,欧洲法院于2015年10月裁定"2000/520号"欧盟决定无效。数据的跨国

---

❶ 师索.构造与博弈:互联网监控的权力关系解构[J].行政法学研究,2017(3):92.

跨境流动也成为全球治理的一项重要命题,引发了国际社会对"数据主权"(data sovereignty)和"数据本土化"(data localization)两个概念的讨论。❶所谓"数据主权"是指,"一国独立自主地对本国数据进行占有、管理、控制、利用和保护的权力"。数据主权的国内属性是指对本国境内数据的生成、传播、处理、分析、利用和交易等拥有最高权力;在国际上表现为一国有权决定以何种程序、何种方式参加相关的国际活动,有权采取相应的措施保护本国的数据不受非法侵害。❷

近年来,网络大国纷纷加强了各国的网络安全立法进程,对数据主权更加关注。在"棱镜门"事件后我国也加快了网络空间的立法进程,注重对数据安全的保护,强化数据的本地存储,并先后出台了《中华人民共和国国家安全法》《中华人民共和国反恐怖主义法》。其中《中华人民共和国反恐怖主义法》还规定了公开设备源代码、在境内保存数据、开放接口等法规。❸

在确保了数据主权之后,各国政府转向国内关注政府与社会的合作。尽管政府与社会的合作在不断增强,但这种良性互动机制需要在特定的环境下才可能发生,有无数的案例显示,政府与社会很多时候不是合作,而是零和博弈。例如,政府要求互联网服务企业留存信息并披露,就与互联网企业作为经营实体利益最大化的宗旨相违背。所以,很多时候政府诉求和企业利益确实也是相互冲突的。但具备了有效政府或良好社会的基础条件后,政府与社会良性互动的动力在于双方的资源依赖关系。这是一个双向增权的过程;政府通过与社会合作增进自身的服务能力或政策执行能力,社会通过与政府的互动来表达诉求或获取政府资

---

❶鲁传颖.网络空间中的数据及其治理机制分析[J].全球传媒学刊,2016,(3):12.

❷齐爱民,盘佳.数据权、数据主权的确立与大数据保护的基本原则[J].苏州大学学报(哲学社会科学版),2015(1):67.

❸鲁传颖.网络空间中的数据及其治理机制分析[J].全球传媒学刊,2016,3(4):13.

源。如此,政府与社会的关系就从零和博弈转化发展为正和博弈。❶在引导政府与社会正和博弈、正向合作的过程中,主要有两种模式。

一、立法模式:以情报交换、信息共享为重点

美国政府的网络安全应对策略经历了从政策到立法,从被动应对到主动防御,再到国际威慑的阶段。美国网络安全策略逐渐走向全面和成熟,也体现了其争夺网络空间主导权的深层次战略意图。美国的网络安全政策战略始终以网络空间内关键基础设施的保护为中心,着力于与其有关的三个重点方面:政府部门和私营部门之间的公私合作,网络安全信息的共享及个人隐私和公民自由的保护,这三方面也成为近年来美国政府和国会网络安全综合性立法的重点。

2010 年 3 月 24 日,美国参议院通过了《网络安全法案》(*Cybersecurity Act*),该法案强调公私合作。其具体措施体现在四个方面:(1)网络安全咨询专家组。总统应建立或指定一网络安全咨询专家组,负责就国家网络安全项目和战略向总统提出建议。(2)州和地方的网络安全增强项目。商务部部长应为区域网络安全中心的成立提供协助和支持,其目的是增强美国中小企业的网络安全。(3)公私情报交换。总统或由总统指派的官员应对现有的公—私信息共享模型进行评估,并在此基础上建立或指定一个机构作为联邦政府与关键基础设施信息系统之间关于网络安全威胁和漏洞信息的中心情报交换地。(4)网络安全风险管理报告。法案实施后 1 年内,总统或由总统指派的官员应就创建网络安全风险管理市场的可行性向国会报告。❷

《网络安全法案》是美国为防控网络安全风险进行顶层设计的法案,

---

❶ 汪锦军. 合作治理的构建:政府与社会良性互动的生成机制[J]. 政治学研究,2015(4):99,105.

❷ 左晓栋. 美国《网络安全法案》分析与思考[J]. 中国信息安全,2010(4):60.

包括从体制、机制到具体措施的各方面内容。从公私合作的角度而言，法案实质性地深化了公私合作，并为加强公—私合作提出了两项新的措施。第一项措施是下放原始定密权，通过额外的安全许可或下放原始定密权，使私营部门可以访问必要的涉密信息。这项措施意义重大、非比寻常。第二项措施是在研究现有公—私信息共享模型的基础上，建立情报交换机构。❶

《网络安全法案》还对州和地方中小企业的信息安全予以了特别关注，要求在政府资助下成立区域网络安全中心，为中小企业提供指导。这意味着美国的信息安全立法将联邦政府、关键基础设施信息系统、企业信息安全和社会公众利益全部考虑进去了，采用的是一种"总体安全观"。❷该做法体现了美国立法者深知网络安全牵一发而动全局的特性，是立足更高高度，面向更大范围的一种设计安排。

为了促进私营企业与政府的合作，2012年4月，美国众议院通过了《网络情报共享和保护法案》。该法案要求私营公司使用网络安保系统来识别和获取网络威胁信息，与政府分享这些信息将受到保护并免予法律起诉。2012年下半年，一些参议员要求政府签发总统令对涉及电力、供水和其他关键基础设施的企业进行指导。2013年6月，国土安全部建立了"分享热线"。针对美国境内私营企业的网络攻击，该热线实时提供并传播网络威胁报告，有效地保护了相关公司的利益。美国政府现在着力推动私营企业的自愿合作，未来将通过奖励机制扩大政府和公司合作的范围。❸

美国希望私营的互联网服务提供商能够加深与政府的合作，由它们协助政府对网络进行监控。这些互联网公司可以监控大多数电子邮件

---

❶ 左晓栋. 美国《网络安全法案》分析与思考[J]. 中国信息安全，2010(4)：63.

❷ 左晓栋. 美国《网络安全法案》分析与思考[J]. 中国信息安全，2010(4)：63.

❸ 李恒阳. 奥巴马第二任期美国网络安全政策探析[J]. 美国研究，2014(2)：61.

和其他计算机信息交流的定位数据和地址数据。2013年2月,奥巴马在总统令中提出,"为了充分挖掘网络威胁的信息的功效,政府可以邀请私营机构的网络安全专家短期参加与联邦政府的合作"[1]。

美国政府为了监视其他国家或国际行为体的黑客攻击行为,非常重视与国内一些私营公司的合作。例如,美国国家安全局通过与微软公司的合作,可以在加密前访问该公司的Outlook电子邮件、聊天软件Skype和云存储服务系统Sky Drive,从而避免了破解密码带来的麻烦。[2]

2015年10月27日,美国参议院通过了《2015年网络安全信息共享法案》(*Cybersecurity Information Sharing Act of* 2015,以下简称CISA2015),其旨在"通过强化有关网络安全威胁之信息的共享改善美国的网络安全",将对全球互联网治理与产业生态产生巨大的影响。[3]吴沈括和陈琴认为,总体而言,CISA2015诸项条款在字里行间透射出美方的多重意图,即:(1)消除法律障碍及不必要的诉讼风险;(2)建构有助于鼓励各公私单位自愿分享网络安全信息的途径;(3)在美国本土实现更深层次的网络安全威胁联动响应机制。在此意义上,我们可以认为支撑CISA2015整体制度架构的是三大支柱。第一支柱,着力设计法律授权机制促使私营公司:(1)为网络安全目的监测公司自有网络以及公司客户网络(这需以获得授权和书面同意为前提);(2)采取预防措施阻止网络攻击;(3)积极付诸网络威胁信息的纵向(与政府部门)、横向(与其他私营主体)分享。第二支柱,强调切实减轻侦查机关为网络安全目的监测自有网络、分享网络威胁情报及开发运用防御措施时面对的法律风险及潜在的(诉讼)成本。一是降低立法层面的不确定性,二是通过责任豁免条款保护合规的主体,使其免于陷入高耗费、不必要的诉讼纠纷。第三支柱,关注网络

---

[1] 李恒阳.奥巴马第二任期美国网络安全政策探析[J].美国研究,2014(2):61.

[2] 李恒阳.奥巴马第二任期美国网络安全政策探析[J].美国研究,2014(2):63.

[3] 吴沈括,陈琴.美国参议院2015年网络安全信息共享法案分析[J].中国信息安全,2016(1):129.

安全保卫过程中不同主体诸多诉求间的利益平衡问题。在设计信息资源共享模型的同时,试图引入多重隐私保护机制以防止信息滥用、政府不当获取信息及在网络安全和公共安全有限目的之外使用敏感信息的情形。原则上前述责任豁免条款不得扩张适用于防御措施的场合,更不得在未经授权监测以及出于故意或严重过失不当分享敏感数据的情形下加以援引。❶

CISA2015共有四大组成部分:一是网络安全信息共享,二是联邦网络安全强化措施,三是联邦网络安全从业人员评估,四是其他网络问题。❷CISA2015欲赋予信息企业两项权力。第一项权力,是授权信息企业可出于"网络安全目的",出台相应对策对抗"网络安全威胁"。由于"网络安全目的"和"网络安全威胁"的定义过于宽泛,几乎任何信息系统的保护措施都关涉"网络安全目的",而"网络安全威胁"则把"任何可能导致未授权的方法影响信息系统可用性"的情形均包括在内。如此一来,信息企业即可将无意中造成网络拥塞的情况定义为"网络攻击"。第二项权力是以保护公司的权利和财产为名,增设了一个新机构来监听各类信息系统。如此一来,前述对"网络安全目的"和"网络安全威胁"的宽泛定义与该授权监控条款结合,监听用户正常网络活动的行为则成为合法行为。收集到这些用户正常网络活动的数据后,信息企业可以"网络威胁指标"的形式与诸如国家安全局之类的政府机构共享。❸

CISA2015第103条规定,中央情报局、国土安全部、国防部、司法部等联邦部门要对业已分级的网络威胁指标与私人部门、非政府组织、各州政府共享,并制定相应程序规范。CISA2015第104条规定,私人部门为侦测网络威胁指标、弥补网络安全缺陷,可以利用自己的信息系统,或在明

---

❶ 吴沈括,陈琴. 美国参议院2015年网络安全信息共享法案分析[J]. 中国信息安全,2016(1):130.

❷ 吴同. 美国《网络安全信息共享法案》的影响与应对[J]. 保密科学技术,2016(2):50.

❸ 吴同. 美国《网络安全信息共享法案》的影响与应对[J]. 保密科学技术,2016(2):51.

文授权情况下,利用政府部门或其他私人部门的信息系统,实施监控行为并采取防卫措施。实体部门之间应基于网络安全目的彼此共享网络威胁指标,共同采取防卫措施。私人部门包括谷歌、微软等商业组织。在被曝光的"棱镜"监听计划中,美国国家安全局可以直接连入众多互联网公司的后台获取网络数据。❶

二、政策指南模式:以关键基础设施为中心

1. 欧盟

欧洲多国认为,有必要制定一个可操作的工作指南来帮助执法部门与服务提供者来构建他们的合作,协助他们执行网络犯罪公约程序部分的条文。2007年,欧洲委员会在"网络犯罪项目"下设立了一个由执法部门、互联网行业和服务提供者协会派出的多名代表组成的工作小组。该工作小组拟定了一个指南草案——《执法部门和互联网服务提供商合作打击网络犯罪指南》,该指南最终于2008年4月在斯特拉斯堡获得通过。❷

该指南:(1)包括了执法机构和互联网服务提供商的共同守则及对两者的单独守则;(2)并不是为了替代立法或正式法规,而是为了补充和法律法规在实践中的运用;(3)是基于已经可行的一些好的实践经验总结;(4)各国可根据本国的具体情况调整适用。❸

2. 英国

英国政府于2013年3月发布《网络安全信息共享合作关系》(*Certified Information Security Professional*,CISP)。CISP目前拥有750个组织成员,已

---

❶ 师索. 构造与博弈:互联网监控的权力关系解构[J]. 行政法学研究,2017(3):91-92.

❷ Council of europe,law enforcement-internet service provider cooperation[EB/OL].(2018-01-03)[2018-05-10].https://www.coe.int/en/web/cybercrime/lea-/-isp-cooperation.

❸ Council of europe,law enforcement-internet service provider cooperation[EB/OL].(2018-01-03)[2018-05-10].https://www.coe.int/en/web/cybercrime/lea-/-isp-cooperation.

超额完成了2014年成员增加50%的目标。❶

为提高企业防范网络风险的意识,英国政府推出了《网络安全10步骤》等指南。为使企业清楚到哪里去寻求咨询和服务,英国政府通信总部(The Government Communications Headquarters,GCHQ)对能够提供网络事件响应服务的企业,开始实行认证管理,并提供指导。❷

3. 加拿大

2013年8月,加拿大政府出台了指导性文件《加拿大网络事件管理框架》,覆盖了各省、各地区政府、重要基础设施部门和其他公私营部门合作者,用以补充和联结现有联邦、各省、各地区的紧急管理框架和计划,也包括重要基础设施部门的紧急计划。❸

该指南鼓励加拿大政府和私营部门共同承担网络安全风险。网络攻击者进入政府网站盗取重要的工业信息会严重削弱加拿大工业的竞争力,进入私营部门网站获得重要情报,均可能对加拿大的国家安全造成威胁,因而双方建立良好的合作关系有助于降低此类风险。多年来,加拿大政府与私营部门共同承担网络安全风险,并已建立长期的合作关系。网络犯罪分子盗取政府网站上重要的工业信息,将严重削弱加拿大工业的竞争力;窃取私营网站上的重要情报,亦可能对加拿大的国家安全造成威胁。例如,电力、电信、银行和交通等重要基础设施是由私营部门或省、市和地方政府所有的,因此公私双方有必要建立良好的合作关系来共同应对网络威胁,降低此类风险。以现有的组织架构和合作机制为基础,加拿大的公私合作仍有进一步深化加强的空间,比如精确分享

---

❶ 由鲜举,田素梅. 2014年《英国网络安全战略》进展和未来计划[J]. 中国信息安全,2015(10):84.

❷ 由鲜举,田素梅. 2014年《英国网络安全战略》进展和未来计划[J]. 中国信息安全,2015(10):84.

❸ 唐小松. 加拿大网络安全战略评析[J]. 国际问题研究,2014(3):94.

潜在的和已显现威胁的实时信息、防护技术和其他有效做法。❶

加拿大负责网络安全的政府部门超过13个,部门众多使得相互传递和分享信息成为难题,更不用说展开协调与合作。除内部协调不力外,加拿大政府部门和私营部门的信息分享也不甚理想,相关组织和企业不能在第一时间收到网络威胁信息,难以及时采取应对措施。此外,由于私营部门对政府网络安全组织机构缺乏了解,遇到网络威胁时难以及时将信息通知对应部门,限制了政府部门作用的发挥。政府部门与私营部门还存在合作不够均衡的问题,仅关注重要基础设施的网络安全问题,忽视了金融等其他同样非常重要的领域,在分享信息时也有诸多障碍。❷

4. 澳大利亚

澳大利亚实行政企合作——与企业伙伴共同推动提升基础设施、网络、产品与服务的安全性与恢复力。其具体措施包括:通过澳大利亚计算机应急响应小组(Computer Emergency Response Team,CERT)加强与私营部门的互信伙伴关系,共享网络威胁、脆弱性及其潜在后果等敏感信息;推动商务网络企业提升网络安全意识,识别网络威胁和脆弱性,采取适当的风险削减策略;通过关键基础设施可信信息共享网(TISN)推动企业提升网络安全和关键基础设施保护的最佳实践;通过实施关键基础设施保护建模与分析(CIPMA)计划,为企业和政府提供世界领先的计算机建模能力;通过与国际政府和教育机构的协作,为企业代表创造教育和培训机会,包括在工业控制领域从事与关键系统相关工作的人员;与澳大利亚标准协会(standards australia)和其他企业实体共同制定和推广最佳网络安全实践标准;确保安全问题在澳大利亚国家宽带网络(NBN)的设计和运营阶段就进行考虑和处理。❸

---

❶ 唐小松.加拿大网络安全战略评析[J].国际问题研究,2014(3):95.

❷ 唐小松.加拿大网络安全战略评析[J].国际问题研究,2014(3):102.

❸ 尹丽波,刘京娟,张慧敏.紧扎安全篱笆的袋鼠之国——澳大利亚《网络安全战略》解读[J].中国信息安全,2012(7):78.

第二章　侦查机关与互联网服务提供商合作的原则

刑事诉讼中历来存在犯罪控制与人权保障两种价值的冲突和平衡。❶现代科技日新月异,既带来生活的互联互通、便捷便利,又为犯罪分子创造了条件,同时给国家打击这些新型犯罪带来挑战。

我国有关个人信息保护的立法开始于2000年12月28日全国人大常委会通过的《关于维护互联网安全的决定》。此后,先后通过了《中华人民共和国刑法修正案(五)》[以下简称《刑法修正案(五)》]《中华人民共和国刑法修正案(七)》[以下简称《刑法修正案(七)》]《中华人民共和国侵权责任法》《关于加强网络信息保护的决定》《信息安全技术——公用及商用服务信息系统个人信息保护指南》《关于办理利用信息网络实施诽谤等刑事案件适用法律若干问题的解释》《关于审理利用信息网络侵害人身权益民事纠纷案件适用法律若干问题的规定》,修订《征信业管理条例》《中华人民共和国消费者权益保护法》。立法规制的主体众多,涉及个人信息的方方面面,但也暴露出存在的各种问题,主要有:(1)立法碎片化现象严重,系统的专门立法尚付阙如;(2)对个人信息保护的利益衡量不清晰,表达不准确;(3)多数规范性文件的位阶偏低,高位阶的立法多是宣示性规定,缺乏可操作的具体规则;(4)相关行政执法部门的定位、权限不明确,国家互联网信息办公室的行政管理和执法活动缺乏必

---

❶ 谢登科.论技术侦查中的隐私权保护[J].法学论坛,2016(3):35.

要的法律依据。❶聚焦侦查机关与网络服务提供商的合作问题,同样存在缺乏依据、操作性差的问题。因此,放眼域外,总结外国的侦查机关与互联网服务提供商的合作原则,以期有所借鉴。

第一节　合目的性原则

合目的性原则包含两个方面,目的明确和受目的约束。首先,法律必须明确规定搜集、使用公民信息之目的,并禁止为供未来不特定目的使用而搜集公民个人信息;其次,国家对信息的使用同样受上述目的的限制,国家不得将所搜集之信息作法定目的之外使用。❷另有观点将合目的性原则表述为目的正当性原则,并认为目的正当包括了实质正当和形式正当两个方面。所谓实质正当要求目的符合当前社会一般认同的价值;形式正当要求正当目的是法律所明确认可的。❸

网络犯罪侦查中,尤其是将电子个人数据传输给执法当局时,必须一般性地遵守目的限定原则(purpose limitation principle)。目的限定原则是指个人数据仅仅为了具体的、明确的合法目的才能被收集,且后续的处理也必须以符合这些目的的方式进行。对限定目的的减损,只有在法律规定的例外情况下被允许。也就是说,当数据传输给执法当局是为了预防、侦查、起诉严重犯罪所必需时才被例外允许,且数据的传输应当符合比例原则。❹国有公司或私立公司保留、留存和传输计算机数据的义务应当尊重数据保护权利(the right to data protection)。

---

❶ 张新宝. 从隐私到个人信息:利益再衡量的理论与制度安排[J]. 中国法学,2015(3):44-45.

❷ 赵宏. 从信息公开到信息保护:公法上信息权保护研究的风向流转与核心问题[J]. 比较法研究,2017(2):42.

❸ 裴炜. 比例原则视域下电子侦查取证程序性规则构建[J]. 环球法律评论,2017(1):82.

❹ INTERNATIONAL ASSOCIATION OF PENAL LAW. Resolutions of the congresses of the international association of penal law(1926—2014)[Z]. Nineteenth International Congress of Penal Law "Information Society and Penal law":445.

例如,德国刑事诉讼法规定,只有在犯罪嫌疑人涉嫌"严重犯罪"时,才允许侦查机关实施电信监听。德国刑事诉讼法具体列举了42个严重犯罪的具体罪名,所采用的是"是否会被判处五年以上自由刑"标准,并且是封闭式列举,没有兜底条款。除了谋杀、抢劫、诈骗、洗钱、有组织犯罪和恐怖主义犯罪等11种犯罪以外,"严重犯罪"名单上的其他罪名,立法者会根据当时的刑事政策进行调整。❶

因此,侦查机关在与网络服务提供商进行合作时,首先,应遵循合目的性原则,也就是服务商非自愿配合侦查应当以侦查犯罪为目的,且该表述不得模糊,并须由法律规定。某项取证措施所基于的正当目的不能模糊地表达为"打击犯罪""保护公共利益""打击恐怖主义犯罪""维护国家安全"等,而需要有明确的指向。换言之,针对特定主体的取证行为不能仅以"以防万一"为目的。其次,意味着原则上以某项特定目的搜集的电子证据不得直接用于正当化其他取证行为。最后,当某一具体的正当目的不存续时,法律应当设置相应的程序,使得依目的搜集的电子数据可以被及时销毁或删除。❷

第二节　比例原则

比例原则被誉为公法的"帝王法则"❸。关于比例原则,有一些不同的表述。

第一种表述,德国"三阶"比例原则。根据该表述,比例原则包括:"适当性原则,即指公权力行为的手段必须具有适当性,能够促进所追求的目的的实现;必要性原则,即指公权力行为者所运用的手段是必要的,

---

❶ 黄河.论德国电信监听的法律规制——基于基本权利的分析[J].比较法研究,2017(3):94.

❷ 裴炜.比例原则视域下电子侦查取证程序性规则构建[J].环球法律评论,2017(1):89-90.

❸ 陈永生.计算机网络犯罪对刑事诉讼的挑战与制度应对[J].法律科学(西北政法大学学报),2014(3):145.

手段造成的损害应当最小;均衡性原则,即指公权力行为的手段所增进的公共利益与其所造成的伤害成比例。"❶

第二种表述,比例原则。该原则,是指公权力在依法限制公民基本权利时,用于衡量合法限制措施的必要性和充分性的一组规则。❷裴炜将该原则结合刑事司法的规律,引申出四项核心要求。第一,采取限制措施所服务的目的具有正当性。第二,具体干预措施与该正当目的之间应当合理匹配。第三,不存在其他对公民基本权利干预程度更低但同时能够实现该正当目的的手段。第四,应当在实现该正当目的社会价值与防止限制公民基本权利所体现的社会价值之间达至平衡。❸上述四点可简练为目的正当性要求、手段目的匹配要求、谦抑性要求和成本收益均衡要求。

手段和目的的匹配检验有如下方面的含义:(1)手段目的是否匹配是个案判断;(2)是否匹配的判断通常需要在采取措施之前作出预测性分析;(3)在既有社会背景下,专业人员基于现有资源可以合理地判断该手段有助于实现其目的;(4)在尽到合理注意义务的前提下,允许误差的存在。谦抑性要求是指应当优先选取对基本权利干预程度最低的手段,即司法意义上的"帕累托最优"。所谓"最低干预",可以从三个角度理解:(1)对于同种权利不同程度的干预;(2)对处于不同位阶的权利干预;(3)涉及的权利主体或客体的范围。成本收益平衡要求平衡采取某种手段所带来的收益与成本。"收益"是指对正当目的的实现程度,如通过搜查犯罪嫌疑人住所所采集到的证据对证明案件事实有多大作用。成本则是包括了对宪法保护的权利所造成的干预以及对时间资源、财政资源、人力资源等的消耗,简言之为法益成本加资源成本。例比,对于窃听

---

❶ 刘权.目的正当性与比例原则的重构[J].中国法学,2014(4):134.

❷ AHARON BARAK. Proportionality:constitutional rights and their limitations[M]. Cambridge:Cambridge University Press,2012:3.

❸ 裴炜.比例原则视域下电子侦查取证程序性规则构建[J].环球法律评论,2017(1):82.

等严重侵犯个人隐私的技术侦查措施,立法会限定于严重犯罪,即是对法益成本的考量。❶

　　第三种表述,结合技术侦查措施,比例原则还有另一种表述方式,即包括了必要性原则、侵犯最小原则与最后手段原则。必要性原则指技术侦查手段的适用以犯罪具备一定严重性程度为前提,如犯罪的严重性程度不足,则不发动该种侦查手段,因而也称为重罪原则。侵犯最小原则,指适用侦查技术手段造成对公民权利干预应当限制在最小限度,即侦查收益应当与权利损害相称,因而也称为相称性原则。最后手段原则,指在其他侦查手段无效的情况下才适用技术侦查手段,即技术侦查手段只是其他侦查手段的补充,因而也称为补充性原则。❷其中,重罪原则跟上文论述中的"合目的性原则"有重复交叉的部分。补充性原则又可被称为"次属性手段",也就是侵扰性强的侦查手段不应当是犯罪侦查中的首要侦查措施。具体而言,如果侦查机关向互联网服务提供商要求披露犯罪嫌疑人的用户信息和交互信息就足以侦破案件或推进破案时,就不应当要求互联网服务提供商披露犯罪嫌疑人通信的内容信息。

　　目前,2012年的《刑事诉讼法》第148条、第149条、第150条和《公安机关办理刑事案件程序规定》第254条规定,根据侦查犯罪的需要,即可采取技术侦查措施。可见技术侦查措施不受最后手段原则的限制。❸

　　综上,互联网服务提供商在与侦查机关开展合作时,应根据所侦查犯罪的严重程度,根据侦查机关要求互联网服务提供商提供协助或信息对公民权利的侵扰程度等,作出符合比例的配合。

---

❶ 裴炜. 比例原则视域下电子侦查取证程序性规则构建[J]. 环球法律评论,2017(1):84.

❷ 王东. 技术侦查的法律规制[J]. 中国法学,2014(5):274.

❸ 王东. 技术侦查的法律规制[J]. 中国法学,2014(5):274.

第三节　法律保留原则

对基本权利的限制只能由法律作出，对基本权的干预必须具有法律的明确授权，这项要求是宪法、基本法等根本大法对基本权利限制的基本模式。❶首先需要阐明的是，必须具有法律的明确授权中的"法律"，必须要有法律的性质和样态。法律保留原则与上文中形式的合目的性原则的内涵有交叉之处。

1984年，英国著名的"马隆诉联合王国（Malone v. Metropolitan Police Commissioner）案"❷就明确了这一点。1977年，马隆作为古董商人因涉嫌购买赃物被捕。在审讯过程中，马隆发现警方监听了自己之前的电话，于是便在后续的审判中，请求法庭宣告警方行为违法，要求停止窃听行为并销毁所有电话文件。经调查，对电话的透露是邮政人员根据内政大臣与邮政局总监之间的协议进行的，而非警方。该案英国高等法院主审大法官罗伯特·梅加里副认为：电话截获是在邮政局进行，没有进入私人住宅，不构成非法入侵，故不需法律依据；英国不承认一般性的隐私权，为避免大部分市民免受殴打、盗窃或其他罪行的目的，不承认某个个人在打电话的时候有特别隐私权。此后，该案申诉至欧洲人权委员会。欧洲人权委员会以11：0表决确认原告马隆的权利被侵犯，并将案件移交给欧洲人权法院。欧洲人权法院认为，英国虽然没有国内法禁止相关操作，但这种操作与《欧洲人权公约》第8条第2款的规定相悖。《欧洲人权公约》第8条要求，公共机构不得干预人人享有的使自己私人和家庭生活、家庭和通信得到尊重的权利，但是依照法律规定干预的不受此限。❸

---

❶ 赵宏. 信息公开到信息保护：公法上信息权保护研究的风向流转与核心问题[J]. 比较法研究，2017（2）：42.

❷ Malone v Commissioner of Police of the Metropolis（No 2）[1979] 2 All ER 620。

❸ 郭华. 技术侦查中的通讯截取：制度选择与程序规制——以英国法为分析对象[J]. 法律科学（西北政法大学学报），2014（3）：176-177.

此处的"依照法律"必须有严格的法律形式和法律性质。欧洲人权法院通过考察英国的历史发现,通信截收作为技术侦查手段,长期在无法可依的状态下被使用,直到1663年,英国内政部才以"公告"形式对邮件扣押行为予以规范。1937年以前,英国邮局人员也一直理所当然地协助警方截获客户在电话里所说的内容,无须专门授权。1937年后才在"政策"层面要求与犯罪有关的电话截收需要国务大臣签发许可证。但无论是"公告"还是"政策"均不满足公约所要求的"依照法律"的规定,因而判定英国败诉。❶

再比如德国的基本法针对通信秘密的限制性规定要求:"通信秘密权力只能根据法律予以限制。法律之外的任何行政规范、命令和内部条例本身均不构成对基本权利进行干预和限制的合法基础。在具体实践中也严格遵守法律保留原则,任何国家机关只有依据法律的具体授权,才能对公民的此项基本权利进行限制。"❷

在信息化背景下,信息业者和政府作为新的利益主体都可能在利用个人信息时造成对信息主体权利的侵犯。据美国某调查结果显示,政府才是个人隐私权的主要侵犯者,而其中又以因刑事侦查而实施的侵犯行为占绝大多数。《刑事诉讼法》中权利的保护在本质上属于公法保护,它强调个人权利免受国家权力不正当侵害,其运作是要实现对国家权力的有效控制。❸公共利益和社会秩序是个人隐私权的边界之一,个人需要容忍国家运用侦查手段中对其隐私权的侵犯,这是在实现社会秩序必然付出的成本。一般而言,国家不得干涉、侵害个人隐私权等权益,但为保护国家利益、社会利益等而进行的必要干预则属例外。尽管如此,这并

---

❶ 郭华.技术侦查中的通讯截取:制度选择与程序规制——以英国法为分析对象[J].法律科学(西北政法大学学报),2014(3):176-177.

❷ 黄河.论德国电信监听的法律规制——基于基本权利的分析[J].比较法研究,2017(3):90.

❸ 谢登科.论技术侦查中的隐私权保护[J].法学论坛,2016(3):32.

不意味着国家可以用不择手段、不问是非、不计成本的方式来查明案件事实。❶

2014年,在巴西里约热内卢,国际刑法学协会第十九届会员大会通过的《关于信息社会和网络犯罪的决议》第三部分"刑事程序法"第7条规定:"立法应当规定执法当局为获取信息数据可以使用的措施,并确定这些手段的使用目的、范围和条件,包括删除数据的条件以及毁坏存储介质的条件。"❷

总结本章,侦查权具有天然的扩张性和攻击性,侦查权的行使往往伴随着对公民个人权利一定程度的强制性侵犯。❸侦查中侵扰当事人隐私行为可以分为:"严重侵扰隐私行为"和"轻微侵扰隐私行为"。其中,前者包括搜查人身和住宅、扣押等传统侦查行为;❹后者就包括了从互联网服务提供商强制获取信息和数据的侦查行为,即使这些行为侵扰程度不如逮捕、拘留、搜查、扣押,但仍对当事人权利造成侵扰,应当受合目的性原则、比例原则及法律保留原则的限制。

---

❶ 谢登科. 论技术侦查中的隐私权保护[J]. 法学论坛,2016(3):35.

❷ INTERNATIONAL ASSOCIATION OF PENAL LAW. Resolutions of the congresses of the international association of penal law(1926—2014)[Z]. Nineteenth International Congress of Penal Law "Information Society and Penal law":446.

❸ 李建明. 强制性侦查措施的法律规制与法律监督[J]. 法学研究,2011(4):156.

❹ 谢登科. 论技术侦查中的隐私权保护[J]. 法学论坛,2016(3):35.

第三章　侦查机关与互联网服务提供商合作的程序限制

网络犯罪侦查,虽然具有特殊性,但仍应受到宪法、刑事诉讼法对侦查权的限制,辩护制度以及犯罪嫌疑人、被告人诉讼权利方面的诸多程序规定都要适用。刑事司法制度多年来确立和修正的权利保障,在网络犯罪侦查各个环节均将体现。目前看来,网络犯罪侦查没有设立与刑事诉讼程序有别的"新型程序"的必要,因此无必要也不可摆脱刑事诉讼法的限制。❶《网络犯罪公约》规定,此类条件和保护应当与涉及的程序或权力性质相适应,与包括司法和其他独立的监管形式,证据运用,以及权力或程序的范围适用限定相适应。而设置"条件和保障"也是为了更好地保护公民的隐私和信息权利。

第一节　一般性程序

侦查机关与互联网服务提供商合作的程序与侦查机关想要获取的信息类型密切相关。不同类型的信息,适用不同的程序已成为西方国家的通行做法。因此,在侦查机关与互联网服务商合作的一般性程序之前,有必要先介绍信息分类的方法。

---

❶ 张建伟.法律正当程序视野下的新监察制度[J].环球法律评论,2017(2):66.

一、信息分类方法——三分法

根据网络公约委员会的调查报告,网络侦查过程中所需信息可以概括为三类:(1)注册人信息(subscriber information),(2)交互信息(traffic data),(3)内容信息(content data)。❶

第一类信息是"注册人信息"。所谓"注册人信息",一般是指单位或个人在获得网络服务时向服务商提交的,或者在使用服务过程中显示的与个人身份相关的信息。❷《网络犯罪公约》将注册人信息划分为以下三种类型:(1)服务类型、技术条款及服务期限;(2)根据服务协议获取的注册人身份,邮寄地址或居住地址,电话或其他号码,账单或支付信息;(3)其他根据服务协议获取的有关服务设备的信息。❸

第二类信息是"交互信息"。这是指"基于计算机系统进行交流产生的,任何用以表明该交流的起始位置、路径、时间、日期、体量、时长或类型的数据",其功能主要在于识别计算机系统的实际位置,并由此确定相应用户身份。根据欧盟《数据存留指令》第5条,交互信息主要包括六种类型:(1)交互信息的来源方;(2)交互信息的接收方;(3)交互活动的日期、时间及时长;(4)交互活动的类型;(5)交互工具;(6)移动交互工具所在地。❹

第三类信息是"内容信息"。根据《网络犯罪公约解释报告》的说明,

---

❶ 裴炜. 犯罪侦查中网络服务提供商的信息披露义务——以比例原则为指导[J]. 比较法研究,2016(4):95-96.

❷ 裴炜. 犯罪侦查中网络服务提供商的信息披露义务——以比例原则为指导[J]. 比较法研究,2016(4):96.

❸ 裴炜. 犯罪侦查中网络服务提供商的信息披露义务——以比例原则为指导[J]. 比较法研究,2016(4):96.

❹ 裴炜. 犯罪侦查中网络服务提供商的信息披露义务——以比例原则为指导[J]. 比较法研究,2016(4):96.

"内容信息"是指某项沟通交流行为所传递的实质内容。❶

二、获取电子数据的程序

美国对于政府机关获取电子数据的一般性程序,已形成分类分级的法律授权与法律程序的规则。对于对私权利影响程度、侵害程度不同的电子证据搜集,分别规定了传票、法庭命令、搜查令等申请难度依次递增的法律文件。❷

依据《联邦刑事诉讼规则》和1984年《电子通信隐私法》,美国政府机构在司法调查活动中,获取市场主体的电子数据主要有三种形式:(1)基于传票获取非内容数据;(2)基于法庭命令获取不敏感内容数据;(3)基于搜查令获取内容数据。此外,法律还明确要求,政府应合理负担费用,并给予市场主体必要责任豁免。美国的相关判例和立法对非内容信息的保护较内容信息要薄弱许多,这也是符合比例原则的。在"美国诉福利斯特(United States v. Forrester)案"❸中,法院认为,电子邮件发件人和收件人的姓名以及IP地址不受美国宪法第四修正案的保护。❹这意味着,侦查机关获取非内容信息不需要满足严格的实体和程序条件,而可以直接通过传票获取。

传票是获取电子数据最简单、最便捷的一种方式,如上述也仅用于非内容数据的获取。《电子通信隐私法》规定,当政府机构利用根据联邦或州的法律、大陪审团的授权制作的行政传票、法院传票或者法定其他

---

❶ 裴炜.犯罪侦查中网络服务提供商的信息披露义务——以比例原则为指导[J].比较法研究,2016(4):96.

❷ 顾伟.美国政府机构获取电子数据的法律程序研究[J].信息安全与通信保密,2016(12):47.

❸ United States v. Forrester,512 F. 3d 500(9th Cir. 2007)。

❹ 陈永生.计算机网络犯罪对刑事诉讼的挑战与制度应对[J].法律科学(西北政法大学学报),2014(3):144.

方式提出要求时,电子通信服务商或者远程计算服务的运营商应当向政府机构提供用户或订阅者的如下信息:(1)姓名;(2)地址;(3)短途和长途通话记录,或者通话时间和长度;(4)服务期限及已经采用的服务类型;(5)电话、设备号码或者其他用户的号码或者身份,包括任何临时配置的网络地址;(6)此类服务支付费用的方式和来源(包括信用卡或银行账号)。❶

法院命令(court order)是较传票要求更高的数据获取方式,多用于刑事领域,用于获取一般的内容数据。必须要政府提交具体事实,法院经审查后才会授予法院命令。原则上,政府机构在获得了法院命令后,有权获得电子通信服务的运营商和远程计算机服务商存储180天以内的内容数据。但由于美国宪法第四修正案规定的禁止不合理搜查和扣押原则,在判例法中得到确认,想要内容数据的都必须要有申请门槛更高的搜查令。那么所谓"一般的内容数据",或者称"不敏感的内容数据"包括哪些? 通过总结几家大互联网服务提供商的操作,不敏感的内容数据除了包括通过传票获得的信息,还包括电子邮件标题信息、视频上传IP地址和相关时间戳、消息标题和与非登录活动有关的IP地址信息等。❷

搜查令(warrant)则是较法院命令申请门槛更高,证明标准更高的获取电子数据的令状,用于获取互联网服务提供商所存储的所有用户内容数据。内容数据则包括了电子邮件的内容,账户内的存储内容(如消息、照片、视频、留言和位置信息等)。❸

除需要相应的令状才能获得互联网服务提供商所存储的电子数据

---

❶ 顾伟. 美国政府机构获取电子数据的法律程序研究[J]. 信息安全与通信保密,2016(12):42.

❷ 顾伟. 美国政府机构获取电子数据的法律程序研究[J]. 信息安全与通信保密,2016(12):43.

❸ 顾伟. 美国政府机构获取电子数据的法律程序研究[J]. 信息安全与通信保密,2016(12):43.

外,要求其披露数据还需支付合理费用,即合理费用分担。费用分担是美国法律借以厘清政府与市场边界的重要形式。❶为配合侦查机关的调查,互联网服务提供商披露数据、信息,必然会产生经营之外的成本,比如冻结相关账户、延长数据存储、进行数据加工、数据提取、证据制作等。因此,提供商依《电子通信隐私法》可以要求政府报销配合侦查所产生的直接成本和必要支出。补偿的数额,则由双方协商确定,或由颁布法院命令的法院进行裁定。如果因其他原因进行无证搜查,则由管辖侦查所针对的刑事案件的法院进行裁定。❷

法律还应明确向政府披露数据免责来鼓励服务提供商配合侦查机关的调查。《电子通信隐私法》规定,服务提供商不会因其主管、雇员、代理人或者其他相关人员,根据法律规定的法院命令、令状、传票、行政命令或者认定书的要求提供信息、设备或者援助而在法院受到起诉。❸

裴炜教授通过梳理世界范围的重要审判实践发现,隐私期待之确认与所获取的个人信息类型密切相关。(1)1987年欧洲人权法院"林安德诉瑞典(Leander v. Sweden)案"❹判决确认单纯的数据存留行为足以构成对个人隐私的干预,此种定性与后续行为之性质或目的无涉。(2)加拿大最高法院在"女王诉普兰特(R. v. Plant)案"❺中裁判认为,如果相关数据足以透露特定个人的生活模式和个人选择等信息,则对该数据的采集应当

---

❶ 顾伟. 美国政府机构获取电子数据的法律程序研究[J]. 信息安全与通信保密,2016(12):43-44.

❷ 以雅虎公司为例,用户基本记录第一个ID约为20美元,之后每个ID为10美元;社区基本信息(包括与版主有关的信息)单一版主的社区约为20美元;用户账户内容,包括电子邮件,每个用户为30~40美元;社区内容,每个社区为40~80美元。

❸ 顾伟. 美国政府机构获取电子数据的法律程序研究[J]. 信息安全与通信保密,2016(12):44.

❹ Leander v Sweden, App no 9248/81,(ECHR 1987)。

❺ R. v. Plant,[1993]3 S. C. R. 281。

尊重保护个人隐私之相关规定。该判决在2014年的"女王诉斯宾塞(R. v. Spencer)案"❶中被扩展至用于在网站上的注册信息。(3)1967年美国"凯茨诉美国(Katz v. United States)案"❷确立的第三者条款不断受到挑战。一方面,法院仍然在许多案件中以第三者条款否认个人对其提供给网络服务提供商的信息享有合理隐私期待;另一方面,随着"凯洛诉美国案(Kyllo v. United States)案"❸和"美国诉琼斯案(United States v. Jones1)案"❹的出现,未来美国法院的判决将向着扩张认可互联网合理隐私期待的方向发展。第四巡回上诉法院在"美国诉格雷厄姆(United States v. Graham)案"❺的判决中,认为个人对于依据电信蜂窝塔记录下的位置信息享有合理隐私期待。一般认为,相对于注册人信息和交互信息,内容信息直接涉及个人隐私,因此对于内容信息的取证活动应该受到更为严格的程序性限制。❻

三、我国相关制度的差异

从上文可知,西方国家将对内容信息的强制披露作为"搜查"这一强制措施来处理。在人们生活已经基本网络化、数据化的今天,电子数据对公民隐私权、财产权的承载丝毫不亚于传统的物理承载方式,并且伴随大数据和人工智能的进一步发展变得愈加重要。❼将对电子数据的强制作为"搜查"是保护公民权利的做法。然而,我国并没有采取对信息的

---

❶ R. v. Spencer, 2014 SCC 43,〔2014〕2 S. C. R. 212。

❷ Katz v. United States, 389 U. S. 347(1967)。

❸ Kyllo v. United States, 533 U. S. 27(2001)。

❹ United States v. Jones, 565 U. S. 400(2012)。

❺ United States v. Graham, 846 F. Supp. 2d 384(D. Md. 2012)。

❻ 裴炜. 比例原则视域下电子侦查取证程序性规则构建[J]. 环球法律评论,2017(1):91.

❼ 屈舒阳. 我国刑事有证搜查制度之反思——从苹果"叫板"FBI事件说起[J]. 上海政法学院学报(法治论丛),2017(1):144.

分类方法,因此在认定强制互联网服务提供商配合披露信息究竟是何侦查措施时,存在困难。

《刑事诉讼法》对侦查措施的分类,并不是以相关措施可能侵害的公民权利为依据的。例如,搜查、扣押、技术性侦查措施都有可能侵害到公民的隐私权和信息自决权,在实践中也非常容易发生混同。侦查机关请求互联网服务提供商出示相关证据,究竟属于何种侦查措施,存在疑问。

根据《刑事诉讼法》对"勘验、搜查、扣押"的相关规定,并没有关于要求互联网服务提供商制作提交涉及被告人、犯罪嫌疑人隐私和个人信息数据的电子证据的详细规定。所以,不能轻易地说,在我国互联网服务提供商配合侦查部门所提交相关电子证据,是对相关互联网公司的搜查或者勘验。简单地套用西方的搜查制度,并不适合。仔细研究发现,搜查是为了收集犯罪证据、查获犯罪嫌疑人,对犯罪嫌疑人及可能隐藏罪犯或者犯罪证据的人的身体、物品、住处和其他有关地方进行搜查,并不包括提请互联网服务提供商配合侦查提交相关证据的情况。但2012年的《刑事诉讼法》第135条却跟我们讨论的情况密切相关。根据2012年的《刑事诉讼法》第135条规定,"任何单位和个人,有义务按照人民检察院和公安机关的要求,交出可以证明犯罪嫌疑人有罪或者无罪的物证、书证、视听资料等证据。"互联网服务提供商符合本条"任何单位"的文义,面对公安机关、检察机关要求提交证明犯罪嫌疑人有罪或者无罪的物证、书证、视听资料等证据,这里"等"字就包括了最新列为证据种类的电子证据。从这个义务的强制性,以及本条所置于《刑事诉讼法》中的位置判断,当某互联网服务提供商拥有或控制侦查犯罪所需的电子证据,而不主动配合侦查时,侦查机关强制互联网服务提供商提供相关信息,其性质就非常接近搜查。但仍然存在一个问题,根据2012年的《刑事诉讼法》第137条的规定,"在搜查的时候,应当有被搜查人或者他的家属、邻居或者其他见证人在场",因此,如果侦查机关强制互联网服务商提供电子证据的情况构成"搜查",那么这时是否要求被搜查人在场,或者他的家属、邻居或其他见证人在场?从实践来看,答案显然是否定的。至此,笔者可以暂且认为侦查机关强制互联网服务提供商出示相关信息证据的强制性措施并不能简单归类为"搜查"。

根据2012年的《刑事诉讼法》第141条的规定,"侦查人员认为需要扣押犯罪嫌疑人的邮件、电报的时候,经公安机关或者人民检察院批准,即可通知邮电机关将有关的邮件、电报检交扣押。"从这条规定来看,侦查人员强制要求互联网服务提供商交出与犯罪有关的电子通信、电子邮件时,非常类似对"邮件、电报"的扣押。"扣押"作为一种常用的强制性侦查手段,其特征是由侦查机关控制住与犯罪相关的财物、文件、邮件等,一旦被侦查机关扣押,犯罪嫌疑人在扣押解除前不能够支配这些财物或文件。而互联网服务提供商将犯罪嫌疑人的电子邮件或者网络聊天记录提交给侦查机关后,犯罪嫌疑人仍然可以登录邮箱,使用邮箱,没有丝毫察觉。所以从这个角度理解,侦查机关强制互联网服务提供商披露相关信息的措施,也不是非常符合"扣押",尤其是当侦查机关索取的是"用户信息"和"交互信息"的情况,则更难解释。例如,警方要求某互联网服务提供商告知,使用该公司邮箱的用户的姓名、申报的地址和近期使用邮箱时的IP地址。这些个人信息并不是可以被扣押的财物或文件,即使被"扣押",犯罪分子也仍然可以使用其姓名和IP。

从黑龙江省发生的类似案例可以窥见一斑。在黑龙江省建三江农垦法院曾经审理的一桩危险驾驶案件中,辩护人指出公安机关在危险驾驶这样的普通刑事案件中使用了技术侦查手段进行侦查,严重侵犯了被告人和证人的通信自由和通信秘密。该案中,侦查机关向有关部门调取了被告人和证人的通话记录,该措施被法官认定为是侦查机关依职权调取书证,而并非使用了技术性侦查手段,辩护理由不成立。法官之所以如此认定,一方面是由于我国关于"技术侦查措施"的规定用语模糊,另一方面也体现了我国对隐私权及公民通信秘密的保障力度不够。对于调取涉及当事人隐私的"内容信息",应当有统一的程序要求、证据标准和司法授权。❶

综上,我国目前既没有采取西方主流的信息三分法,也没有对网络犯罪侦查中,强制互联网服务提供商配合侦查提交相关电子证据的措施进行专门的列举或归类。这也将成为未来进一步完善网络犯罪侦查,回应日趋重要的电子证据搜查法治化要求的重要工作。

第二节　司法审查原则

西方国家对侵犯公民通信内容信息的侦查行为普遍奉行司法审查原则,也就是要求侦查机关在采用此类侦查措施之前,必须向法官提出申请,经法官审查许可才能实施。❷2014年在巴西里约热内卢,国际刑法学协会第十九届会员大会通过的《关于信息社会和网络犯罪的决议》第三部分"刑事程序法"第8条规定:"使用强制性措施收集数据必须先有法庭授权。使用秘密资源进行数据挖掘和数据匹配必须要有法庭授权。"❸

在美国,执法机构向互联网服务提供商要求披露互联网用户的历史交易记录以及IP地址等非内容信息,必须事先获取法院的搜查令状或者法院命令,这是典型的司法审查原则的贯彻。此后,由于"9·11事件"的发生,美国国会用短短6周时间通过了《爱国者法案》。该法案是美国史

---

❶ 刘广三,李胥.刑事诉讼法关于技术侦查措施规定中的模糊性语言及其限定研究[J].中国刑事法杂志,2017(1):119.

❷ 陈永生.计算机网络犯罪对刑事诉讼的挑战与制度应对[J].法律科学(西北政法大学学报),2014(3):145.

❸ INTERNATIONAL ASSOCIATION OF PENAL LAW. Resolutions of the congresses of the international association of penal law(1926—2014)[Z]. Nineteenth International Congress of Penal Law "Information Society and Penal law":446.

上对侦查机关授权最广泛的打击恐怖主义犯罪的立法。❶《爱国者法案》对1986年的《电子通信隐私法》的相关内容❷进行了修正。根据修正后的法律,执法机构仅需凭借传票就能够获取非内容信息。因此,对非内容信息,《爱国者法案》取消了司法审查的要求,但对于内容信息的获取,仍然要通过司法审查和司法授权。❸

  侦查机关拟获取的信息除了可以分为内容信息和非内容信息外,还可以根据是否已经形成,分为已经形成的信息和正在形成的信息。针对已经形成的信息和正在形成的信息,所使用的侦查措施有别。对前者是搜查,对后者是监听。根据《布莱克法律词典》,"搜查"是指执法人员为了发现犯罪证据而对某个人的身体、财产或者其他该人有合理隐私权期待的处所进行的检查。"监听"是指在未经许可的情况下秘密地对私人交流进行的电子的或者机械的窃听,这种窃听通常由执法人员根据法院的命令实施。❹

  侦查机关在与互联网服务提供商展开合作时,搜查和监听的情况均有可能遇到。如果侦查机关需要调取的是犯罪嫌疑人已经结束的通信,是在嫌疑人的通信活动结束后,对相关信息载体进行查看和检验,则是搜查。如果侦查机关请求互联网服务提供商对犯罪嫌疑人正在进行的通信进行截获,就构成窃听、监听。通常而言,搜查以公开方式实施,被搜查人有权在场;而监听只能以秘密的方式实施,至少通信一方不知情。由于监听对公民权利造成的损害严重,大多数法治国家均将监听定位为

---

❶ 陈永生.计算机网络犯罪对刑事诉讼的挑战与制度应对[J].法律科学(西北政法大学学报),2014(3):145.

❷《美国法典》第18章第2703条c款。

❸ 陈永生.计算机网络犯罪对刑事诉讼的挑战与制度应对[J].法律科学(西北政法大学学报),2014(3):145.

❹ 陈永生.计算机网络犯罪对刑事诉讼的挑战与制度应对[J].法律科学(西北政法大学学报),2014(3):144.

特殊侦查措施,适用更加严格的条件和程序。特殊侦查措施从适用的犯罪类型到证明标准,都比一般的侦查数段要高,且只能已经尝试了在一般的侦查手段并且已经失败情况下,法官才可能签发监听令状。有关特殊侦查措施将在下文第四节中详述。

第三节　令状原则的例外

手机,作为移动终端,已经成为人们日常必备的便携式互联网设备。加之智能手机的普及,手机中的数据信息包罗万象,信息量巨大,例如通讯录、通话记录、短信息、微信等聊天记录、备忘录、电子邮箱、网页浏览记录、录音、推特、微博发帖点赞、支付宝、银行通知、付款程序等,这些信息综合起来,能够"重构"手机用户过去几个月甚至几年的生活。综上,手机已成为大数据时代每个人新的城堡。[1]那么,如果执法机关要查看手机内的数据和相关信息,究竟应当经过什么样的程序? 扣押手机是否当然可以查看手机里的内容? 查看是否构成刑诉法意义上的"搜查"……对这些问题,各国有不同的立法和司法实践,甚至在一国内也可能存在相互矛盾的立法和判决。

一、对手机是否可以无证搜查

在美国,对手机内容的搜查很容易作为"附随于逮捕的搜查"而避开《美国联邦宪法第四修正案》对搜查令状的要求。

在"莱利诉加利福尼亚州(Riley v. California)案"[2]中,大卫·莱利(David Riley)在驾驶车辆时,因汽车牌照过期被警察拦下,在盘问过程中警察得知莱利驾驶证已被吊销,便将该车扣留并清查车内物品。警察在搜

---

[1] 刘广三,李艳霞.美国对手机搜查的法律规制及其对我国的启示——基于莱利和伍瑞案件的分析[J].法律科学(西北政法大学学报),2017(1):183.

[2] Riley v. California,573 U. S. 373(2014)。

查中找出汽车引擎盖下藏有两支手枪,莱利遂因非法夹藏枪支被逮捕。宣布逮捕后,警察对莱利进行了搜身,并搜出一部智能手机。通过查看莱利的手机,警察发现了几周前黑帮枪击案的线索,并成功破获枪杀案。随后,检控方以持枪伤人和谋杀未遂等罪名起诉莱利。❶莱利主张,警方对其手机的无证搜查违反了美国宪法第四修正案,既未获得搜查令,也不适用紧急情形,搜查手机获得的证据应当作为非法证据排除,不得作为定罪依据,该请求并未得到法院支持,莱利被判有罪。莱利一直上诉到美国联邦最高法院。美国联邦最高法院一致裁决针对手机数据信息的无证搜查违宪。该裁决认为:先例中允许对犯罪嫌疑人进行无证搜查的理由,并不能适用于针对手机中数据信息的搜查;除非遇到特别紧急的情况,警方若想查看嫌疑人手机中的内容,必须首先取得法院的许可。手机存储可能透露大量信息,包含着生活的隐私,因此,存储在手机上的数据也适用相关的宪法隐私保护条款;即使为打击犯罪,执法部门也不能以牺牲公民隐私利益为代价。这是一场个人隐私权和政府合法利益较量的权衡。裁决理由主要有三方面。第一,手机不同于武器,不会对警察的人身安全造成严重伤害。即使在某种特殊情况下,手机可以被作为"武器"使用,但手机一经扣押,该威胁就解除了。强行搜查不能危害到警察人身安全的手机数据信息,是对美国宪法第四修正案的违反,侵害了公民的隐私权。第二,就保全证据的目的而言,扣押手机已足够防止嫌疑人删除手机中存储的数据证据。尽管有远程擦除和数据加密等技术手段可以让犯罪嫌疑人有可能远程隐藏或毁灭证据,但警方仍然可以通过取下电池或断网来防止证据修改。第三,大法官们考虑到手机的特殊性,其不同于犯罪嫌疑人随身携带的其他物品,虽然体积小,却存储着海量的内容,这些照片、电话记录、视频文件、邮件内容、浏览网页、付

---

❶ 刘广三,李艳霞.美国对手机搜查的法律规制及其对我国的启示——基于莱利和伍瑞案件的分析[J].法律科学(西北政法大学学报),2017(1):182.

款记录,等等,均与犯罪嫌疑人的隐私密切相关。所以,允许对手机的无证搜查,就好像允许警察在从嫌疑人身上搜到一把钥匙之后直接闯入嫌疑人的家中进行搜索,会对公民的隐私构成严重侵犯。❶

在"美国诉伍瑞(United States v. Wurie)案"❷中,警察在巡逻时发现布里马·伍瑞正在车里贩卖毒品,将其逮捕至警局。警察从伍瑞身上搜得两部手机,其中一部为"翻盖式"。5~10分钟后,一个名为"我家"的联系人多次来电话。警察翻开手机,看到了屏幕背景为一位怀抱婴儿的女人,并查阅了手机通讯录,找到了名为"我家"的电话号码。通过该电话号码,警察定位到电话对应的一座公寓大楼。抵达公寓大楼后,警察透过窗户发现了屏幕背景中的女子,并找到了伍瑞家的信箱。警察在获得搜查令后进入公寓搜查,查获215克可卡因以及大麻、吸毒用具、一把枪、一些弹药和现金。

伍瑞因此被控以销售目的持有高纯度可卡因及非法持有枪支和弹药罪。伍瑞认为警察查看他手机内信息违反了宪法。然而马萨诸塞州地方法官并没有支持伍瑞的意见,伍瑞被判有罪,并被处以262个月监禁。此后,伍瑞上诉至联邦第一巡回上诉法院。第一巡回上诉法院推翻了原判决,认定因手机中存储了大量用户数据,不同于其他可能被无证搜查的物品,且对于执法利益的影响可以忽略不计,故推翻原判决,撤销定罪。该案后被上诉到联邦最高法院,同样得到了联邦最高法院的支持。❸

事实上,电子数据极难适用传统无证搜查的相关规定。考察美国的相关立法包括《美国联邦宪法第四修正案》(即美国宪法第四修正案)《联

---

❶ 刘广三,李艳霞.美国对手机搜查的法律规制及其对我国的启示——基于莱利和伍瑞案件的分析[J].法律科学(西北政法大学学报),2017(1):182-183.

❷ United States v. Wurie, No. 13-212(1st Cir. 2013)。

❸ 刘广三,李艳霞.美国对手机搜查的法律规制及其对我国的启示——基于莱利和伍瑞案件的分析[J].法律科学(西北政法大学学报),2017(1):181.

邦证据规则》，以及《电子交流隐私法》（*Electronic Communications Privacy Act*）对搜查令状的规定。可以进行无证搜查的情形主要有三种：目视搜查、同意、紧急情况。在电子证据的情况下，基本上不存在不经任何操作单凭观察就能发现相关证据的情形，也很难符合紧急情况，同意的无证搜查受制于同意的范围，因此电子证据能否适用无证搜查本身就是一个问题。❶

明确侦查机关有权对谁的手机中存储的涉嫌何种犯罪的文件、图片等数据信息进行搜查，以及超越范围是否应作为非法证据排除，是确立了手机搜查令状原则之后的第二个重要问题。美国在"美国诉凯里（United States v. Carey）案"❷中对该问题给出了答案。在该案中，侦查人员取得了在计算机内搜查毒品案件相关证据的授权，在搜索计算机过程中发现了儿童色情图片，于是转而在计算机上搜索儿童色情图片。法院最终判决搜索儿童色情图片违法，并主张在授权对电子数据的搜查时，令状上须详细记载搜索电子数据的程序和方式。

然而，这一立场也正在变化，司法实践表明，对电子数据的搜查方式进行事先限定，会大大削弱侦查人员的取证能力和效率。至2009年美国联邦司法部改变了之前的积极立场。在"美国诉格拉布斯（United States v. Grubbs）案"❸中，美国联邦最高法院指出，除了美国宪法第四修正案所规定的要求，宪法和联邦最高法院的判例没有表明搜查令必须详细记载搜查的精确方式。❹根据镶嵌论，分散的信息碎片尽管对于其占有人来说没有价值或价值有限，但将这些碎片组合起来则会产生不可估量的整体价值。电子数据体量大，存储源多，且分散，对事前申请令状造成冲

---

❶ 裴炜. 比例原则视域下电子侦查取证程序性规则构建[J]. 环球法律评论,2017(1):87.

❷ United States v. Carey, 172 F. 3d 1268(10th Cir. 1999)。

❸ United States v. Grubbs, 547 U. S. 90(2006)。

❹ 刘广三、李艳霞. 美国对手机搜查的法律规制及其对我国的启示——基于莱利和伍瑞案件的分析[J]. 法律科学(西北政法大学学报),2017(1):188.

击,很难在令状中写明所要达到的目的,或者对手段进行明确且详细的描述,这都可能导致所取得的证据事后被裁定违法。❶

二、警察是否可以利用犯罪嫌疑人的生物信息解锁手机

警察是否可以强迫犯罪分子用指纹解锁手机或其他电子设备?该做法是否违反美国宪法第四修正案中不得强迫自证其罪的规定?美国宪法第五修正案规定:无论何人,除非根据大陪审团的报告或起诉书,不受死罪或其他重罪的审判,但发生在陆、海军中或发生战时或出现公共危险时服役的民兵中的案件除外。任何人不得因同一犯罪行为而两次遭受生命或身体的危害;不得在任何刑事案件中被迫自证其罪;不经正当法律程序,不得被剥夺生命、自由或财产。不给予公平赔偿,私有财产不得充作公用。

那么,究竟警察是否可以强迫犯罪嫌疑人告知密码数字,或者使用犯罪嫌疑人的指纹或者人脸解锁?根据2014年"弗吉尼亚州诉鲍斯特(Commonwealth v. Baust)案"❷的判决,任何犯罪嫌疑人不必将自己设置的或记住的密码、解锁码告知执法机关;但如果手机设置了指纹解锁,则警察可以强迫犯罪嫌疑人解锁。

第四节　特殊侦查措施

计算机网络犯罪的技术性和隐蔽性较其他普通犯罪要高,且实施此类犯罪的犯罪分子要么具有良好的教育背景,要么拥有超出常人的智商,因此侦破网络犯罪对侦查人员的计算机操作能力要求很高。❸

---

❶ 裴炜. 比例原则视域下电子侦查取证程序性规则构建[J]. 环球法律评论,2017(1):86.

❷ Commonwealth v. Baust,89 Va. Cir. 267(2014)。

❸ 陈永生. 计算机网络犯罪对刑事诉讼的挑战与制度应对[J]. 法律科学(西北政法大学学报),2014(3):141.

技术侦查措施根据侵犯公民隐私权程度的不同,可以分为侵犯内容信息的侦查措施和侵犯非内容信息的侦查措施。正如上文中对信息三分法中确认的那样,内容信息就是指通信中所说的话或所写的信息,例如,短信或电子邮件中所写的信息。非内容信息主要包括涉通信主体及其身份的信息,在信息公开程度越来越高的信息社会,对非内容信息保密的期待越来越低,主要包括拨打的电话号码、客户信息以及收发邮件的邮箱地址等。美国的判例法表明,对内容信息和非内容信息的保护程度不同。

一、网络技术侦查

1. 常见技术侦查措施

美国联邦调查局近年来利用网络侦查技术破获了大量案件,在网络侦查技术方面取得了显著的成绩。据国外媒体披露,联邦调查局所使用过的侦查系统有"杂食者"(omnivore)[●]"肉食者"(carnivore)"幻灯"(magic lantern)"漫游虫"(roving bug)"数字采集系统(DCS)""互联网通信协议地址校验器"(CIPAV)等。这些系统多有监听监控功能,"漫游监听器"合法,因为联邦监听法允许对犯罪嫌疑人手机周围的谈话进行监听。[●]

上述监听监控功能的软件程序均涉及"非法入侵"作为侦查手段的问题。较多手段除了监听监控本身还涉及使用技术"非法入侵"犯罪嫌疑人计算机信息系统的嫌疑。例如"肉食者"自诞生之日起就饱受舆论的批评,后来被迫更名为DCS1000,即"数据收集系统1000"(digital collec-

---

[●] 该软件于2017年8月31日开始使用,其缺陷在于很容易截获法院令状之外的其他通信信息,以致对公民的隐私和通信自由构成巨大威胁。因此,联邦调查局于1999年6月关闭使用"杂食者",并于同年9月推出了"肉食者"1.2版,之后又迅速推出了"肉食者"1.3.4版本。

[●] 钟鑫,赵洋.美国联邦调查局使用的网络侦查技术系统[J].保密科学技术,2014(11):68-70.

tion system 1000），并曾一度被弃用。❶2001年研制成功的"幻灯"其实质就是一种病毒，通过邮件附件或利用操作系统漏洞进行远程安装，在犯罪嫌疑人的计算机中安装预先植入的"击键记录"软件，读取高级手段加密文件。❷"幻灯"可以通过犯罪嫌疑人的熟识人名义发送，或通过系统漏洞直接植入。若通过邮件发送，当附件被打开时，"幻灯"会自动安装在他的计算机上。经过激活，"幻灯"就会记录计算机的击键情况，并将收集到的加密信息发回联邦调查局。利用"击键记录"软件截取的密码，反过来可以用来解密犯罪嫌疑人计算机或硬盘。联邦调查局曾用此办法破获一起非法赌博案，并取得关键证据。❸从美国的侦查实践来看，"非法入侵"一直是美国联邦调查局可以允许的侦查手段。但"非法入侵"系统，并安装病毒或木马，本身对公民隐私权的侵犯是远超监听电话和通话的，应当由专门的立法明确其合法性。❹此外，"9·11事件"发生后，很多互联网服务提供商都安装了DCS1000"食肉动物"这样的软件，从而实现监视可疑的电子邮件（标题文件或者全部内容）、列举被服务器怀疑的访问行为、全面"嗅探"可疑IP地址、发现正在上网的可疑地址等。联邦调查局再进一步利用DCS监控截取信息的功能，直接将实时数据传送给侦查车或监听场所。因此，如果联邦调查局通过让互联网服务提供商的监控数据统一接入某加密中枢网络，供自己使用，其侦查能力将成级数放大，对公民隐私的侵犯也是成级数增长。❺

美国政府侵害了公民的隐私权的网络监控行为在"棱镜门"事件后

---

❶ 陈永生.计算机网络犯罪对刑事诉讼的挑战与制度应对[J].法律科学（西北政法大学学报），2014（3）：142.

❷ 钟鑫，赵洋.美国联邦调查局使用的网络侦查技术系统[J].保密科学技术，2014（11）：69.

❸ 钟鑫，赵洋.美国联邦调查局使用的网络侦查技术系统[J].保密科学技术，2014（11）：68-69.

❹ 钟鑫，赵洋.美国联邦调查局使用的网络侦查技术系统[J].保密科学技术，2014（11）：69.

❺ 钟鑫，赵洋.美国联邦调查局使用的网络侦查技术系统[J].保密科学技术，2014（11）：70.

被公之于众。斯诺登泄露的外国情报监视法庭指令和随后的揭露说明美国国家安全局一直在收集原数据,包括过去七年美国境内数十亿的号码、地址和持续时间。奥巴马为政府的监控行为进行辩解,他认为"政府的做法是为了找到潜在的恐怖分子或罪犯,从而保持互联网的开放性和可靠性,这不同于网络盗窃和黑客行为"。美国国家安全局、联邦调查局的官员也认为政府进行网络监控是为了反恐斗争的需要,而且确实挫败了几十起恐怖袭击计划。但自由派人士认为政府的行为是不当的。监控使得几乎所有公民都成为被怀疑对象,广泛地收集所有公民的信息,而不是将监听限定于特定的调查目标,这是对隐私的侵犯。❶

针对现在 VPN 泛滥的网络现状,判断犯罪嫌疑人真实的 IP 地址,锁定犯罪嫌疑人成了摆在侦查人员面前的难题。因此,从 2001 年 2 月起,美国开始使用间谍软件 CIPAV,该间谍软件可以获取犯罪嫌疑人的真实 IP,成功率很高,❷曾成功帮助破获通过邮件实施的仇恨犯罪。❸

2. Cookies 跟踪和相似技术的授权

Cookie 跟踪被用于网络技术侦查是一种趋势。Cookie,是指当用户接入特定网站时会下载到其设备上的一个小文件,由字母和数字组成。2002/58/EC 号指令是欧盟较早关于电信通信部门中隐私保护的法律。该指令后来被 2009/136/EC 号指令修正,新的指令要求存储和接入存在用户终端设备上的信息,需要获取"同意"。换言之,Cookies 跟踪及类似技术需要先获得用户的同意。

该指令要求各成员国政府于 2011 年 5 月 25 日前在国内法中执行上述修正。例如,英国于 2011 年 5 月 25 日通过了《隐私及电子通信条例》以符合欧盟法律的规定。该领域的立法主要是为了保护互联网用户的隐

❶ 李恒阳.奥巴马第二任期美国网络安全政策探析[J].美国研究,2014(2):64.

❷ 钟鑫,赵洋.美国联邦调查局使用的网络侦查技术系统[J].保密科学技术,2014(11):70.

❸ 钟鑫,赵洋.美国联邦调查局使用的网络侦查技术系统[J].保密科学技术,2014(11):70.

私,即便是在所搜集的信息并不会直接指向个人可识别信息的情况下。2009年,指令修正的初衷部分是因为对个人的网络追踪和间谍软件的使用。事实上,上述规定并不是为了限制特定软件的使用而设计的,而是意在防止一般性地通过存储在个人电脑上的信息,通过他们使用的设备来识别他们,并且在用户不知情不同意的情况下。

3. 国家木马及黑客技术

2008年,德国出台《网络监管法》,该法案允许警方基于特别授权,通过网络向嫌疑人发送带有木马病毒的匿名电子邮件监控嫌疑人电脑。法案创设的"国家木马"招致社会各界批评,这是国家侦查监控权对个人隐私的高度侵犯。此后,德国于2009年修正《联邦数据保护法》,对经济组织、社会个体侵犯公民信息的情形进行了规制,加大了公民信息保护力度。2015年,德国出台的《网络安全法》规定,联邦刑事侦查局依法有权对网络犯罪嫌疑人实施数据拦截和数据监控,可对网络犯罪嫌疑人进行抓包分析和点对点的数据监控。❶

2016年年底,比利时更是直接通过立法,规定经授权的黑客技术可以作为合法的侦查技术手段。此后,荷兰议会也在审议类似的立法草案。受恐怖主义犯罪不断侵扰,欧洲国家在利用特殊网络侦查技术方面走在了前面。

我国早在20世纪90年代,就有关于打击计算机网络犯罪的立法。1994年,我国颁布《计算机信息系统安全保护条例》,并在接下来的几年间先后颁布了《计算机信息网络国际联网管理暂行规定》《计算机信息网络国际联网安全保护管理办法》《互联网信息服务管理办法》等多个规范性文件。但这些文件均未对涉及网络技术的特殊侦查措施作出规定。直到2012年《刑事诉讼法》修改时增加了技术侦查、隐匿身份秘密侦查和控制下交付在内的特殊侦查手段,网络犯罪侦查才有了侵扰性更强的手

---

❶ 师索. 构造与博弈:互联网监控的权力关系解构[J].行政法学研究,2017(3):96.

段。[1]2012年的《刑事诉讼法》第148条、第149条和第150条,规定了技术侦查措施必须经过严格的批准手续,只能用于侦查法定范围的严重犯罪,并且所获取的数据、信息只能用于犯罪的侦查、起诉和审判,严禁他用。[2]此后,最高人民检察院修改了《人民检察院刑事诉讼规则》,公安部修改了《公安机关办理刑事案件程序规定》的相应章节,对技术侦查措施作出了专门规定。

此外,我国关于技术侦查的立法涉及方方面面。2013年1月1日生效的《人民警察法》第16条规定,"公安机关因侦查犯罪的需要,根据国家有关规定,经过严格的批准手段,可以采取技术侦察措施。"此外,《反间谍法》第12条,《国家安全法》第52、第53条、第75条,以及《反恐怖主义法》第45条均有类似规定,即经严格的批准手续,可以运用现代科学技术手段,采取技术侦查措施。[3]

二、网络陷阱侦查

陷阱侦查,也被称为诱捕侦查、警察圈套,是网络犯罪中常用的侦查手段。陷阱侦查,是指警察、司法人员或者其代理人,为了获得对他人提起刑事诉讼的证据,诱使他人实施某种犯罪行为。[4]例如,在淘宝网销售贴牌纯净水的行为,在侦查过程中,侦查人员冒充普通的客户,购买5桶冒充他人注册商标品牌的纯净水。商家发货,侦查人员收到货品后,获得售假证据。该案中的问题是,侦查人员购买的5桶纯净水,属于陷阱侦查、诱惑侦查,那么这5桶的数额能否计入犯罪分子的售假数额?如果不能计入,又没有其他证据,证明之前的销售也为售假,就会出现无法入罪

[1] 张建伟.法律正当程序视野下的新监察制度[J].环球法律评论,2017(2):73.

[2] 陈永生.计算机网络犯罪对刑事诉讼的挑战与制度应对[J].法律科学(西北政法大学学报),2014(3):148.

[3] 刘广三,李艳霞.反恐刑事侦查权运行问题研究[J].山东社会科学,2016(3):108.

[4] 储槐植.美国刑法[M].北京:北京大学出版社,1996:128-129.

的情况；如果计入诱惑侦查的数额，是否违反犯罪嫌疑人和被告人的信赖保护利益。根据现代法治理论，人民与国家之间存在着一种信赖关系。国家对于此种信赖关系的保障，具有责无旁贷的义务，并以此来维护国家的公信力。对抗犯罪不能伤害人民对于国家的此种正当信赖。❶

　　再例如，网络传播儿童色情视频的案件。侦查人员伪装成购买者，询问网站是否销售儿童色情产品。网站在反复确认购买者身份无疑后，将可以接入儿童色情视频的提取码告知侦查人员。侦查人员获得起诉的证据。该案中，如果后续该儿童色情网站的管理者被捕，是否可以进行"陷阱抗辩"的先例？值得注意的是，1932年，美国的"沙洛斯诉美国（Sorrells v. United States）案"❷开创了"陷阱抗辩"，该案中禁酒监视官伪装成旅行者拜访被告沙洛斯，佯装要购买高级威士忌。禁酒官软磨硬泡后，沙洛斯终于放松警惕，售给禁酒监视官半加仑威士忌酒，之后沙洛斯被起诉违反禁酒法。该案中，联邦最高法院以"实行犯罪之事前倾向"为判断标准，认定如果犯罪倾向是由政府机关所引诱、灌输而生，则产生陷阱抗辩的问题。该标准在1958年的"谢尔曼诉美国（Sherman v. United States）案"❸中进一步明确。谢曼案的大多数法官认为应当严格区分"对欠缺注意的无辜者之陷阱"与"对欠缺注意的犯罪人之陷阱"，只有前者方能适用"陷阱抗辩"。此外，法官们对陷阱的认定标准提出了质疑，从行为人的主观标准调整为一般人的客观标准，即应该以"通常引诱之基准"作为判断警察（侦查人员）之侦查行为是否适当之标准。申言之，一个具有通常心理能力的普通人，能够抗拒的警察诱惑为普通诱惑，对此种诱惑不能适用陷阱抗辩，当警察的诱惑会使一般遵守法律的市民犯罪时，此种诱惑为异常诱惑，可以适用陷阱抗辩。❹前文提到的网络传播儿

---

❶ 杜宇. 法治国视野中的卧底侦查[J]. 环球法律评论，2006（2）：151-152.

❷ Sorrells v. United States，287 U. S. 435（1932）。

❸ Sherman v. United States，356 U. S. 369（1958）。

❹ 杜宇. 法治国视野中的卧底侦查[J]. 环球法律评论，2006（2）：154.

童色情视频案件,无论是采用"沙洛斯案"的主观标准,还是"谢曼案"的客观标准,警察行为超越可容许的通常界限,都无法通过,但显然"谢曼案"的客观标准在辅助判断时更为明晰、更易操作。再看上文的贴牌纯净水案件,从后续网站管理者告知伪装下的警察,儿童色情视频的提取码,并收取费用的行为判断,并不是一般意义上的社会人都会犯的罪,因此不属于异常诱惑,不应适用陷阱抗辩。如果依"沙洛斯案"的主观标准判断,可能存在一定辩解空间,也许网站管理者此前并无传播儿童色情视频的意图,在侦查人员的诱使下产生了犯意,在此标准下,需要其他证据予以补正,形成证据锁链,证明网站管理者此前已有类似操作,早有犯意,从而否决"陷阱抗辩"的适用。

值得注意的是,网络卧底警察也必须严格遵守令状保障,陷阱侦查的证据效力也应当符合正当程序的根本要求。在取证手段上违背了正当程序的,应当适用非法证据排除规则,认定该证据没有证明力。❶

第五节　非法证据排除

由于我国并未确立司法审查原则,因此除属于技术侦查范畴的信息,侦查机关都可以自行调取。这一方面导致可能向互联网服务提供商请求提供技术协助,获取电子数据、信息证据的机关众多,关系复杂。鉴于我国享有侦查权的机关很多,不仅包括公安机关,而且检察机关、国家部门、走私犯罪侦查部门等。在部门内部分工方面,也存在较为混乱和随意的情况。例如,公安部曾于1998年颁布《刑事案件管辖分工规定》。根据该规定,计算机网络方面的犯罪均由刑侦部门负责,网络安全监察部门不负责计算机网络犯罪案件的侦查工作。但2000年7月,公安部下发的《关于计算机犯罪案件管辖分工问题的通知》,将《中华人民共和国刑法》(以下简称《刑法》)第285条非法侵入计算机信息系统案件和第

---

❶ 杜宇.法治国视野中的卧底侦查[J].环球法律评论,2006(2):158.

286条破坏计算机信息系统案件的侦查,交由公共信息网络安全监察局。2012年2月,公安部发布的《刑事案件管辖分工补充规定(二)》进一步将中华人民共和国刑法修正案(九)[以下简称《刑法修正案(七)》]增加的非法获取计算机信息系统数据案件、非法控制计算机信息系统案件和提供侵入、非法控制计算机信息系统程序、工具案件交由公共信息网络安全保卫局(2010年后,网络安全检查局更名为网络安全保卫局)管辖。❶但《刑法修正案(七)》增加的出售、非法提供公民个人信息案件和非法获取公民个人信息案件,则交由刑事侦查局管辖。这种将网络犯罪和个人信息犯罪划分的做法,一直延续到公安部2015年发布的《公安部刑事案件管辖分工补充规定(三)》。该补充规定将《刑法修正案(九)》中用来取代《刑法修正案(七)》中出售、非法提供公民个人信息罪和非法获取公民个人信息罪的侵犯公民个人信息罪,继续交由刑事侦查局管辖;将《刑法修正案(九)》新增的拒不履行信息网络安全管理义务案件、非法利用信息网络案件和帮助信息网络犯罪活动案件,分派网络安全保卫局管辖。

　　这种现实使得互联网服务提供商要面临众多机关,尤其是公安机关内部的各个部门,而不是与固定的、有网络犯罪取证专长的侦查人员合作,这不利于构建侦查机关与互联网服务提供商长期协议化的合作。另外,网络空间的传统犯罪案件,如网络赌博、网络诈骗等仍然是由刑事侦查局管辖,并没有网络安全保护局的专门侦查人员协助,这可能导致因收集方法不当而发生证据变化,甚至毁损、灭失,出现影响证据证明力等情况。长此以往,公安机关中的网络安全保卫部门将长期从事简单的网络安全行政管理工作,其专业素养和刑事侦查能力退化,无法与网络操纵技能日新月异的黑客相较量,这与该部门的设置初衷相悖。❷因此,有

---

❶ 陈永生.计算机网络犯罪对刑事诉讼的挑战与制度应对[J].法律科学(西北政法大学学报),2014(3):148-149.

❷ 陈永生.计算机网络犯罪对刑事诉讼的挑战与制度应对[J].法律科学(西北政法大学学报),2014(3):149.

必要将刑事案件侦查中涉及电子数据取证的工作交由网络安全保卫部门,辅助该案的主管部门执行,这样既可以锻炼网络安全保卫部门的专门技能,又可以保证电子数据证据的取证程序、模式、所需文件更加符合法治要求。目前而言,为督促公安机关内部分工后再行合作,可以通过违法证据排除的制度设计来倒逼刑事侦查局将案件调查中遇到的电子数据取证工作求助于网络安全保卫局,确保取证科学、完整、及时。

2000 年 7 月,美国亚拉巴马州蒙哥马利市警察局收到一封邮件。该匿名邮件向警察举报了一件虐待儿童案。该邮件反映,有施虐者一直折磨一位五六岁的孩童,并向警方提供了该嫌疑人的姓名、地址、传真号和 IP 地址。靠着这封邮件,美国警方逮捕了一名医生。该医生随后承认了自己的罪行,并被判处 17 年的徒刑。该案中的问题是,这位好心的市民是通过使用特洛伊木马病毒攻击该医生的电脑这样一种非法手段,获取了电脑里的资料。这些资料最终成为该案的重要证据。这也是告密者一直拒绝透露姓名的原因。在私人侦探流行的外国,私人跟警察一样同样拥有调查刑事案件的权利,但私人介入有时候会让案件变得复杂。总体来说,只要私人组织为了帮助警察,甚至是他们违法收集的证据,这些证据仍然可使用;而警察的侦查行为,则要受到正当程序的约束和限制。就此案而言,侦查机关虽然本身没有入侵犯罪嫌疑人的电脑以获取其个人信息,但是这种利用他人非法获取信息的行为同样侵犯了公民的个人隐私。该案嫌疑人(医生)正是因为电脑受到木马病毒入侵导致生活受到了别人的监控,进而自己的犯罪行为被人知悉,并被报告给了警察。医生在家庭这个私密的环境下遭到了偷窥,显然个人隐私受到了侵犯。虽然这种证据不是侦查机关自己非法收集的,但这种采纳行为还是会对社会产生一种不良的导向作用。

由于互联网的无国界,外国的诱惑侦查有可能发现远在千里之外的犯罪和犯罪嫌疑人。早在 2003 年,美国纽约警署恋童癖信息犯罪部为打击潜在的恋童癖罪犯,创设了一个刊载未成年色情图片的网站进行"钓鱼执法"。同年9月,法国公民希瑞尔(Cyril)登录了该网站,并下载大量图片。美国移民及海关总署将该信息告知了美国司法警察总局,随后法国警局启动了对希瑞尔的侦查。通过对希瑞尔住宅的搜查,警方获取了存储大量未成年人色情图片的移动设备,包括便携式电脑、磁盘、U盘等。接着,希瑞尔被诉犯有"引入、持有以及传播未成年人色情图片罪"。❶经过两审,被告人希瑞尔被巴黎上诉法院认定为有罪。被告继续向法国最高法院申请撤销之诉,最高法院刑事庭作出终审判决,认为美国当局此前的诱惑侦查行为激起了被告人的犯意,希瑞尔所拥有的若干电子信息储存设备有大量的非法图片是美国公权力机构激起犯意的结果。美国公权力机构后将这些证据移交法国司法机构,违反了取证正当性原则,损害被告人的公正审判权。于是,法国最高法院决定撤销巴黎上诉法院的裁定,并将案件发往凡尔赛上诉法院重审。❷

然而,凡尔赛上诉法院并没有依照最高法院的思路,而是维持了对希瑞尔的有罪判决。凡尔赛上诉法院查明,因为希瑞尔持有未成年人色情图片的犯罪事实要先于链接FTP网站以及被告人所辩称的受未知名第三人怂恿之前,所以其犯意并非美国警方设立的网站所诱发。因此,未损害公正程序权。❸不足为奇,法国最高法院刑事庭再次撤销了凡尔赛上诉法院的裁定,理由同上。从该案我们可以看出,法国最高司法机构对于美国进行互联网诱惑侦查的态度非常谨慎,甚至过于谨慎。在凡尔赛上诉法院明确查明被告人持有相关色情图片远早于他接入美国的钓鱼网站,仍然认定构成诱惑侦查,从而否定法国警方根据该线索所获取的证据。也就是,在简单的"主观标准"测试都无法通过的情况下,仍然

❶ 施鹏鹏.诱惑侦查及其合法性认定——法国模式与借鉴意义[J].比较法研究,2016(5):46.

❷ 施鹏鹏.诱惑侦查及其合法性认定——法国模式与借鉴意义[J].比较法研究,2016(5):46-47.

❸ 施鹏鹏.诱惑侦查及其合法性认定——法国模式与借鉴意义[J].比较法研究,2016(5):47.

认定美国当局的色情钓鱼网站构成诱惑侦查,违反正当程序。为此,我们认为该案的宣誓意义大于法治意义,宣告了两个重要的信息。第一,法国最高司法机构对《欧洲人权公约》的维护,以及对正当程序原则的坚守。法国作为大陆法系国家,其刑事司法程序中的人权保障程度甚至要高于美国。第二,法国对其他国家开展的诱惑侦查所取得的证据是持谨慎态度的,并不会直接作为证据,甚至可能排除本国警方依此线索展开侦查所获取的证据的适用。该案可以作为一个绝佳例证:主权国因为担忧网络的跨境属性所带来的域外侦查触手过长,影响本国司法,而通过此种方式宣誓司法主权。尽管如此,后来在非常相类似的 X. 托马斯(X. Thomas)、Y. 弗洛里安(Y. Florian)信用卡诈骗案中,法国最高法院刑事庭又支持了下级法院的判决,认为美国联邦调查局利用信用卡论坛查找实施银行卡诈骗的证据以及发现犯罪行为实施者的措施,不构成引发犯罪的诱惑侦查。❶这种态度的转变,一方面,说明在法国诱惑侦查的合法性界限仍然存在相当的模糊地带;另一方面,也说明在有外国当局介入的互联网犯罪案件,除了法律以外,还有较多的政策层面的考量,会影响司法的裁判。

---

❶ 施鹏鹏. 诱惑侦查及其合法性认定——法国模式与借鉴意义[J]. 比较法研究,2016(5):47-49.

第四章　侦查机关与互联网服务提供商合作的权利保护

依据2012年《刑事诉讼法》的解释,侦查是指"公安机关、人民检察院在办理案件过程中,依照法律进行的专门调查工作和有关的强制性措施"。以侦查相对人是否同意或自愿配合为标准,可将侦查措施分为强制侦查措施和任意侦查措施两类。网络犯罪侦查也可以分为强制侦查行为与任意侦查行为。与任意侦查措施不同,强制侦查措施有如下三个特征:(1)强制性,(2)侵权性,(3)适用的限制性。依据强制性侦查措施针对的客体来划分,作为完善的强制性措施体系,应该由三部分组成:对人的强制性措施,对物的强制性措施,以及对隐私权的强制性措施。网络侦查中所使用到的较多措施都属于强制性侦查措施,都涉及对犯罪嫌疑人、被告人权利的侵扰。例如,当互联网服务提供商拒绝自愿披露用户信息的情况下,侦查机关所使用的强制披露措施就对用户的隐私和信息权利造成了威胁。而特殊侦查措施中的监听、窃听、秘密拍照、秘密摄像、邮件检查、对计算机系统的监控检查等等对公民个人权利的侵犯程度则更强。❶

国际人权法明确规定,只有在国家处于危急之时,某些保障人权的义务才能予以克减。例如,联合国《公民权利和政治权利国际公约》第4条规定,"在社会紧急状态威胁到国家的生命并经正式宣布时,本公约缔约国得采取措施克减其在本公约下所承担的义务,但克减的程度以紧

---

❶ 李建明.强制性侦查措施的法律规制与法律监督[J].法学研究,2011(4):148-152.

急情势所严格需要者为限"。可见,第一,权利克减的最终目的是便于缔约国应付非常之情势,恢复民主与法治秩序;第二,权利克减的前提是社会处于紧张状态,威胁到国家的生命并经正式宣布;第三,克减的程序以紧急情势所严格需要者为限,权利克减应当与公权扩张保持相对均衡,且相关措施不得与它根据国际法所负有的其他义务相矛盾,不得包括纯粹基于种族、肤色、性别、语言、宗教或社会出身的理由的歧视,生命权等权利不得被克减。在网络犯罪侦查中,应当秉承权利克减与公权扩张相均衡的原则。❶因此,讨论网络犯罪侦查中可能侵犯的公民权利,以及如何更好地保护、保障这些权利,是非常有必要的。

第一节 隐私权的保护

一、隐私权概念的产生及相关理论的发展

隐私权作为一种法律概念及权利,是由美国学者塞姆尔·沃伦和路易斯·布兰代斯在 1890 年的《哈佛法学评论》上提出。他们发表了题为《隐私权》(the Right to Privacy)的文章,并将隐私权定义为一个人在通常情况下决定他的思想、观点和情感在多大程度上与别人交流的权利。❷

1960 年,威廉·普雷瑟发表文章《论隐私》。该论文可谓 20 世纪隐私侵权领域的扛鼎之作,并确立了隐私侵权的四种类型:(1)侵扰他人的隐遁安定,(2)盗用他人姓名或肖像,(3)公开他人私人生活,(4)公开置他人被公众误解。该理论后来成为美国对隐私权保护的奠基性理论,被广泛采纳。❸

---

❶ 刘广三,李艳霞. 反恐刑事侦查权运行问题研究[J]. 山东社会科学,2016(3):109.

❷ 巢立明. 美国苹果解码案中的隐私权保护及其启示[J]. 传媒 MEDIA,2017(1·上):56.

❸ 巢立明. 美国苹果解码案中的隐私权保护及其启示[J]. 传媒 MEDIA,2017(1·上):56.

时至今日,有关隐私权的理论经过了逾百年的发展,对隐私权的定义发展出如下四种主流观点。第一种,认为隐私权是一种排除他人对个人私密生活进行干预的权利。第二种,认为隐私权是一种当事人隐瞒私人秘密,防止他人公开的权利。第三种,认为隐私权是维护个人生活安宁,排除他人非法侵扰的权利。第四种,认为隐私权是个人对自己私人信息、私人生活和私人领域进行支配和控制的权利。❶

前两种对隐私权的定义都略显狭窄;但第三种是美国式的概念,又极大地扩张了隐私权的保护范围,尤其是具有一定的开放性、模糊性,给了较大的解释空间,也给了法官较大的裁量空间;第四种对隐私权的理解是对第三种的发展,将生活安宁具体化为一种控制权。

从上述对隐私权的不同定义,自然引申出对隐私权保护内容的探讨。隐私权保护的内容存在两种对立的观点。部分学者认为,隐私权是一种消极的权利,其内容应当限于排除他人对私人生活秘密、安宁的不法干涉;另一些学者认为,隐私权不仅包括消极的防御功能,而且包括对自己私人领域内事务的支配,侧重于对隐私信息的占有、使用、处分和限制他人的非法获悉和披露,即对个人事务的"自我决定"。目前,后一种观点已经逐渐被广泛接受,即认为隐私权的内容应当包括隐私享有(隐瞒)权、隐私利用权、隐私公开权和隐私维护权。❷

二、隐私权的司法保护

美国"宪法隐私权"的判例最早可追溯到1965年"格瑞斯沃尔德诉康涅狄格州(Griswold v. Connecticut)案"❸。该案主审法官道格拉斯从美国

---

❶ 谢远扬. 信息论视角下个人信息的价值——兼对隐私权保护模式的检讨[J]. 清华法学, 2015(3):96.

❷ 谢远扬. 信息论视角下个人信息的价值——兼对隐私权保护模式的检讨[J]. 清华法学, 2015(3):96.

❸ Griswold v. Connecticut, 381 U. S. 479(1965)。

宪法修正案的规定"禁止非法搜查和扣押公民人身、住宅、文件、财产权利,反对强迫犯罪者自证其罪"等条款推导出宪法对个人隐私的保护。❶

　　刑事侦查中的隐私权保护,是在 1967 年美国联邦最高法院的"卡兹案"中首次讨论。查理斯·卡兹(Charles Kalz)在公用电话亭通过付费电话赌博。他并不知道,联邦调查局警员已在该电话亭安装电子监听器,记录下其谈话内容。然而,对卡兹的监听并没有取得搜查令。控方在审判中出示该电话录音作为证据。卡兹辩称未取得搜查令在公用电话亭安装监听装置属于非法搜查,因此而取得的电话录音应该被排除。控方则认为证据取得合法,原因在于:侦查人员未进入电话亭,不存在搜查;公用电话亭四周是透明玻璃,从外面即可看清其举动,且电话亭不属于"宪法保护领域",故无证监听合法。初审法院支持了控方,采信了电话录音,做出有罪判决。卡兹随后上诉至美国联邦上诉巡回法庭。联邦上诉巡回法庭维持原判。卡兹继续申诉至美国联邦最高法院。联邦最高法院经过调卷复审认为,卡兹在公用电话亭存在"合理隐私期待",无证监听违法,故裁决撤销原判。❷此案之前,美国对隐私权的保护都要以"对宪法保护领域的物理性侵入"为条件,没有对财产权的物理性侵入,就没有非法搜查,也就不适用美国宪法第四修正案。此案之后,隐私权成为宪法独立保护的权利。搜查是否侵犯隐私权以是否有"合理隐私期待"为主要标准,不再以是否有财产权的侵入为标准。审判该案的联邦最高法院波特·斯图尔特大法官在判决中指出:"(美国)宪法第四修正案保护的是人们的正当隐私权,主要目的在于保护人而不是场所。一个人即使在家,但他有意将自己的行为或者文件暴露给公众,那么这些财产

---

❶ 赵宏.从信息公开到信息保护:公法上信息权保护研究的风向流转与核心问题[J].比较法研究,2017(2):37.我国已有公法学者尝试将隐私权的讨论纳入公法,认为公法的接入和公私法的相互扶助,才能为隐私权提供全面系统的保护。并且已有学者开始借用美国法上的"宪法隐私权"概念,对国家搜集、储存、利用和公开个人信息的合法性和正当性进行剖析。

❷ 谢登科.论技术侦查中的隐私权保护[J].法学论坛,2016(3):36.

和信息也不是(美国)宪法第四修正案保护的对象。相反,一个人即使身处公共场所,但他不想将自己的物品或信息暴露给公众,那么,他的这种隐私权仍然可能受到(美国)宪法第四修正案保护。"那么,如何判断是否构成"合理隐私期待"?应从两个层面予以理解:在主观层面,个人须表现出真实的隐私期待;在客观层面,该隐私期待须被社会公众认为是合理的。❶

　　欧洲也非常注重对隐私的保护,然而却采取了不同的角度。美国从自由的角度保护隐私,而欧洲大陆国家则是从人格尊严的角度来理解隐私的。❷产生这种分野的根源,主要在于美国民众长期以来对警察和其他政府官员不信任的政治和社会理念。故此,美国隐私保护主要是对抗国家的侵扰。欧洲大陆国家则是将大众媒体视为对个人尊严的头号威胁。❸

　　为侦查特定犯罪,隐私权并不是完全不能突破的。"9·11事件"后,美国出台的《爱国者法》授权美国国家安全局、联邦调查局等机构可以获得访问互联网的地址和发送、接收电子邮件的地址,而不需要达到常规的合理根据或合理怀疑的程度;在没有达到普通的合理根据标准的情况下,允许为了情报目的而监视美国公民;允许使用"漫游窃听装置"监听嫌疑人通话、追踪"独狼"恐怖嫌疑人等。这项法律颁布以来,有效期经过数次延长,于2015年失效。该法案对美国等西方国家影响深远,极大拓宽了监控技术侦查手段运用的条件。❹这也是反恐形势严峻的背景下,侦查权突破隐私保护的重要例证。

　　我国尚未有关于侦查中的隐私权保护的司法实践。现有案例多是民事侵权案件,如"廖某诉曾某隐私权案""王某诉张某奕名誉权纠纷案""孙某某诉中国联合网络通信有限公司上海市分公司侵害隐私权案"等

❶ 王兆鹏.美国刑事诉讼法[M].北京大学出版社,2005:221-223.

❷ 张新宝.从隐私到个人信息:利益再衡量的理论与制度安排[J].中国法学,2015(3):41.

❸ 张新宝.从隐私到个人信息:利益再衡量的理论与制度安排[J].中国法学,2015(3):41.

❹ 刘广三,李艳霞.反恐刑事侦查权运行问题研究[J].山东社会科学,2016(3):108.

等。从上述案例来看,我国对隐私权的保护内容包括:(1)私人信息的收集,原则上要获得当事人的同意;(2)扩大私人信息的传播范围,也需要获得当事人的同意;(3)权利人可以对隐私信息的公开与否和公开范围进行控制。

三、国家保障个人隐私权的积极义务

国家除了负有限制公权力不侵扰公民隐私的消极义务外,还在保障个人权利打击犯罪过程中保护个人隐私的积极义务。以《网络犯罪公约》为例,明确规定了国家在打击网络犯罪时应当通过立法或其他方式提供有效的犯罪侦查手段。❶欧洲人权法院通过一系列案例强化数字环境下的国家积极义务,这些案例主要涉及网络环境中对儿童的保护、对网络色情的监控、对社会少数群体的保护、对贪腐案件和金融案件相关信息的披露等。通过这些案例,欧洲人权法院确立了国家积极义务的一些基本要素,主要包括:避免个人免遭奴役、贩卖等非人道待遇;保护个人免于生理和性方面的伤害;对抗种族主义、仇恨言论、歧视、暴力和恐怖主义等。❷

国家负有保护个人隐私的积极义务,意味着国家有义务对侵犯个人隐私的犯罪进行有效追诉。欧洲人权法院"K. U. 诉芬兰案"是很重要的一例,因此已翻译判决全文作为本书的附录二供读者参考。我国缺乏对侵犯隐私权犯罪的直接保护,必须通过打击传播淫秽物品、打击侵犯个人信息等其他犯罪间接保护。例如,在2009年江某盛传播淫秽物品罪一案中,被告人江某盛用手机拍摄了女友钟某某的多张裸照,在钟某某提出解除恋爱关系时,江某盛拒绝并以手机彩信方式将钟某某裸照发给钟某某多名朋友,后又在QQ空间上传钟某某裸照。这起典型的侵犯他人

---

❶ 裴炜. 比例原则视域下电子侦查取证程序性规则构建[J]. 环球法律评论,2017(1):88.
❷ 裴炜. 比例原则视域下电子侦查取证程序性规则构建[J]. 环球法律评论,2017(1):88.

隐私的案件,最终以传播淫秽物品罪判处江某盛2年有期徒刑。该案反映了我国对隐私保护的一个现实:由于刑事立法缺乏对隐私权直接的刑法保护,对隐私权便只能从手段本身的规制以及涉及社会法益保护基础上的间接保护。❶

从国际领域来看,德国刑法典中有专章规定了侵犯私人秘密犯罪,法国刑法典早在1810年就明确禁止侵犯隐私的行为,而美国及加拿大也将侵犯私人领域秘密权的行为直接规定为"侵犯隐私权的犯罪"。❷未来,我国《刑法》在修正时,也可以借鉴思考,是否有必要增设侵犯个人隐私类的犯罪。

第二节　信息自决权的保护

通信技术在提高通信效率的同时,深刻改变了人类的通信方式。移动电话、电子邮件等通信方式因便捷和及时,被犯罪嫌疑人所利用。由于对隐私和个人信息数据的保护,给侦查机关的破案和调查取证带来很大障碍。通信自由和通信秘密一直以来都是各国宪法或基本法中具有较高保护位阶的法益,因其关乎人的尊严和隐私,属于个人人格自由发展的重要条件。德国联邦宪法法院曾在判例中强调,德国基本法规定公民享有通信自由和通信秘密的基本权利,确保个人之间能够自由和秘密地进行信息、思想和意见的交流,维护了人作为有思维和自由行动的个体具有的尊严。❸德国的立法和司法,为个人信息的保护提供了一条"隐私权"之外的路径,那就是将个人信息作为人格尊严保护。

个人信息自决权理论,是1971年施泰姆勒接受德国内政部委托提出"个人信息保护法草案"时一并提出的概念。其内容是人们有权决定周

---

❶ 陈冉. 论大数据背景下隐私权的刑法保护[J]. 中国刑事法杂志,2017(3):69.

❷ 陈冉. 论大数据背景下隐私权的刑法保护[J]. 中国刑事法杂志,2017(3):67-68.

❸ 黄河. 论德国电信监听的法律规制——基于基本权利的分析[J]. 比较法研究,2017(3):89.

遭的世界在何种程度上获知自己的所思所想以及行动。●根据该理论，不存在所谓的不重要的个人信息，因为所有信息都与人格尊严相关，自决是核心。理论提出的背景是为了对抗日益增多的个人信息收集、处理和利用，应对个人信息自动化处理可能给个人隐私带来的威胁，应对国家通过信息技术滑向监控国家，无限度地侵扰和挤压私人领域。因而，法律应赋予当事人"武器"以抗衡。

德国"小普查案"判决虽然提及了"自决权"的观念，却没有认可一项广泛的自决权，而是强调并非所有的个人信息都与人格尊严相关，也并非任何关于个人信息的统计或收集都干涉个人对其内在生活领域的自治权。当然个人作为社会的一员，应该在一定程度上忍受对个人的调查。●该案针对的是国家对于众多的个人信息以及秘密信息的强制收集行为。德国另一个里程碑式的判决是"人口普查案"，该案基于基本法中的一般人格权判决人口普查法违宪，明确提出个人信息自决权，以及"没有不重要的个人信息，所有的个人信息都应该受到保护"的创造性主张。●

该判决的最重要要旨如下：国家对个人信息的强制信息收集行为，不能仅仅根据个人信息的性质做出判断，还要结合信息收集的目的。在信息技术上，个人信息处理的可能性以及结合的可能性而定。个人信息是否敏感，不再仅仅取决于这一信息是否涉及私密的经历。●但该判决

● 杨芳.个人信息自决权立论及其检讨——兼论个人信息保护法之保护客体[J].比较法研究,2015(6):23.

❷ 杨芳.个人信息自决权立论及其检讨——兼论个人信息保护法之保护客体[J].比较法研究,2015(6):27.

❸ 杨芳.个人信息自决权立论及其检讨——兼论个人信息保护法之保护客体[J].比较法研究,2015(6):28.

❹ 杨芳.个人信息自决权立论及其检讨——兼论个人信息保护法之保护客体[J].比较法研究,2015(6):28.

对抗的是国家行为,并非其他私主体;针对的是自动化的信息收集和处理,并非信息处理的所有方式,所以任何超过该范围的解读,都是对人口普查法案的错误解读。

由上述判决可以看出,为了迫切的公共利益,个人在原则上必须接受对其信息自决权的某种限制,如果某些信息对政府计划有所必要,作为社会一员的每个人就有责任完成。然而这种"限制"同样也必须加上"限制要件",即所谓"限制的限制"。国家只有在符合这些要件时才能对公民的信息自决权予以限制,这些要件也因此属于限制公民信息自决权的"合宪性理由",具体包括合目的性原则、比例原则、法律保留和法的明确性原则。❶

在立法方面,1990年的德国《联邦个人数据保护法》同样规定了完整的个人信息自决权,包括个人信息告知权、个人信息更正权、个人信息封锁权和个人信息删除权。❷欧盟曾于1995年颁布《关于个人数据处理及自由流通个人保护指令》。该指令对个人信息权进行了罗列,包括:(1)拒绝权,即信息主体有权拒绝他人对个人信息的处理;(2)知情权,即信息主体有权获取与其个人数据处理相关的信息;(3)修改权,即信息主体有权要求修改、增删个人信息,保障信息记录真实完整;(4)删除权,即信息主体在个人信息作为记录的目的不再必要或相关时,有权要求删除;(5)质询评价权,即对个人的评价完全是基于个人信息处理的结果时,可以不受约束地对评价进行质询。

将"个人信息权"理论推广到私法领域也是近年来才逐渐为社会所接受的。在私法领域,隐私权制度的平衡方法即利益平衡,也就是将隐私权主体的隐私利益(包括人格自由和人格尊严等人格利益)与他人(即

---

❶ 赵宏. 从信息公开到信息保护:公法上信息权保护研究的风向流转与核心问题[J]. 比较法研究,2017(2):41-42.

❷ 赵宏. 从信息公开到信息保护:公法上信息权保护研究的风向流转与核心问题[J]. 比较法研究,2017(2):43.

负有消极不作为义务的其他自然人、法人或组织)的言论表达自由、知情权等利益的冲突。国家处于一个超然于双方利益矛盾的中立地位,以社会管理者身份,通过制定法律和实施法律调整矛盾双方的利益关系。❶

若将个人信息自决权视为一种类似所有权的绝对权利,则无疑会阻吓交流,禁锢思想。对个人信息的支配就变成了对他人行为的支配。❷因此,有必要明确有些个人信息不属于私人领域,这些个人信息和人格的关系较为疏远,或者这些信息是社会交往中必须向公众提供的。❸

第三节　隐私权与信息自决权的关系与选择

一、信息与数据的关系

信息,源于拉丁语"infomatio",英语为 information,并非一个公认的概念,不同的概念暗示信息的一个特征。信息表现为一种信号,但本身却是一种抽象的存在,具有复杂性。信息并非传递信息的文字、图画、视频或声音,而是这些载体中所蕴含的内容以及信息所表达内容对信息接受者的影响。

个人信息是网络空间数据中重要的组成部分,包括个人身份信息和在线的活动信息。这些与个人身份特征息息相关的数据被广泛认为属于个人隐私的范畴。这些信息价值难估,但具有巨大的商业价值,甚至与国家安全密切相关,是重要的政治资源。❹也有意见认为,个人信息是

---

❶ 张新宝.从隐私到个人信息:利益再衡量的理论与制度安排[J].中国法学,2015(3):43.

❷ 杨芳.个人信息自决权立论及其检讨——兼论个人信息保护法之保护客体[J].比较法研究,2015(6):29.

❸ 杨芳.个人信息自决权立论及其检讨——兼论个人信息保护法之保护客体[J].比较法研究,2015(6):30.

❹ 鲁传颖.网络空间中的数据及其治理机制分析[J].全球传媒学刊,2016,3(4):12.

指与特定个人相关联的、反映个体特征的、具有可识别性的符号系统,包括个人身份、工作、家庭、财产、健康等各方面的信息。●

　　1995 年,《欧盟数据保护指令》将"个人数据"定义为,任何和已识别或者可以识别的自然人相关的信息。欧盟委员会工作组对该概念的理解分为四个角度:(1)对于"任何信息"的理解应尽可能广泛,对于个人的任何形式的表述,无论客观信息还是主观信息均可纳入;(2)"相关"即"关于",其关联性有些情况可能明显,有些情况可能模糊,只要信息在内容、目的或者结果上与某个人相关,就具有关联性;(3)"已识别"指特定对象已经能够与其他个体区别开来,而"可识别"则指虽然现在还没有识别,但是有识别的可能性;(4)自然人,即一般法律意义上的界定,即不包括死者、胎儿、法人或者其他团体的,活着的个人。●可见,《欧盟数据保护指令》认为数据就是信息。也有观点认为,信息是数据反映的内容,而数据是信息的表现形式。●

　　有观点将"个人信息"与"个人数据"等同,认为意义相同,是指与一个身份已经被识别或者身份可以被识别的自然人相关的任何信息,包括个人姓名、住址、出生日期、身份证号码、医疗记录、人事记录、照片等单独或与其他信息对照可以识别特定的个人的信息。●

二、信息与隐私的关系

　　隐私主要是一种私密性的信息或私人活动,比如个人身体状况、家

● 王利明. 论个人信息权的法律保护——以个人信息权与隐私权的界分为中心[J]. 现代法学,2013,35(4):64.

● 谢远扬. 信息论视角下个人信息的价值——兼对隐私权保护模式的检讨[J]. 清华法学,2015(3):99.

● 谢远扬. 信息论视角下个人信息的价值——兼对隐私权保护模式的检讨[J]. 清华法学,2015(3):98.

● 张新宝. 从隐私到个人信息:利益再衡量的理论与制度安排[J]. 中国法学,2015(3):38-39.

庭状况等个人不愿意公开披露且不涉及公共利益的部分；而个人信息强调的是身份识别性，既可以是直接指向个人的，也可以是在与其他信息组合之后指向个人的。隐私不限于信息的形态，还可以以个人活动、个人私生活的方式体现，并不需要记载下来；但个人信息必须是固定化的形式呈现。

对于信息与隐私的关系问题，有两种观点。一种观点认为，对个人信息的保护实际上就是对隐私的保护，通过强化隐私权的相关制度就可以满足现实的需要。另一种观点认为，隐私权和个人信息保护是不同的概念，不能一概而论。个人信息保护和隐私权确实密不可分，隐私权可以实现部分个人信息保护的功能。然而，2014年数据显示，49%的网民对网络安全存疑，46.3%的网民遭遇到网络安全问题，超过一半涉及个人信息安全。目前来看，个人信息保护和隐私权保护的区别根植于两种制度不同的价值取向之中，自然会导致两者在具体法律制度建构上的不同。❶

张新宝教授认为，个人隐私与个人信息成交叉关系：有的个人隐私属于个人信息，有的个人隐私则不属于个人信息；有的个人信息特别是涉及个人私生活的敏感信息属于个人隐私，但也有一些个人信息因高度公开而不属于隐私。❷中国政法大学赵宏教授认为，"个人信息"自公民出生起就与之形影相随，但在信息化时代到来之前，人们并未察觉将个人信息作为区别于名誉、荣誉、姓名等一般人格权客体而予以单独归纳和处理的必要。以前人们只关注不欲为他人所知的隐私保护，但电脑、信息技术的急速发展将人类无法逆转地带入"信息化时代"。在信息时代，个人生活面临被广泛干预的极大风险，警醒人们开始关注对个人信

---

❶ 谢远扬. 信息论视角下个人信息的价值——兼对隐私权保护模式的检讨[J]. 清华法学，2015(3)：95.

❷ 张新宝. 从隐私到个人信息：利益再衡量的理论与制度安排[J]. 中国法学，2015(3)：39.

息的保护。❶

三、隐私权与个人信息权的关系

个人信息权和隐私权关联密切:(1)两者的权利主体都仅限于自然人,而不包括法人;(2)二者都体现了个人对其私人生活的自主决定;(3)二者在客体上具有交错性;(4)二者在侵害后果上具有竞合性。❷

同时两者又应当予以区分。首先,隐私权主要是一种精神性的人格权,虽然可以被利用,但财产价值并非十分突出,隐私主要体现的是人格利益。而个人信息权在性质上属于一种人格利益与财产利益于一体的综合性权利,并不完全是精神性的人格,既包括精神价值又包括财产价值。❸其次,隐私权是一种消极的、防御性的权利,只有在权利遭受侵害的情况下请求他人排除妨害,赔偿损失,无法主动行使。个人信息权则指个人对于自身信息资料的一种控制权,并不完全是一种消极排他的权利,可以在他人未经许可非法收集、利用个人信息时,主动请求行为人更改或者删除其个人信息,以排除他人的非法利用,使信息恢复到正确状态。再次,隐私权的主要内容是维护个人的私生活安宁、个人私密不被公开、个人私生活自主决定等,重在"隐";而个人信息权主要是对个人信息的支配和自我决定,即便对已公开的或者必须公开的个人信息,个人也有一定的控制权。最后,个人信息的保护重在预防;隐私权的保护重在事后救济,且对个人信息的侵害可以采用精神损害赔偿和财产救济合并,对后者主要是精神损害赔偿;对个人信息的保护手段多种多样,尤其

---

❶ 赵宏.从信息公开到信息保护:公法上信息权保护研究的风向流转与核心问题[J].比较法研究,2017(2):32.

❷ 王利明.论个人信息权的法律保护——以个人信息权与隐私权的界分为中心[J].现代法学,2013,35(4):64-65.

❸ 王利明.论个人信息权的法律保护——以个人信息权与隐私权的界分为中心[J].现代法学,2013,35(4):66.

是通过行政手段;隐私则主要通过法律保护的方式。

民法、物权法学者中国人民大学王利明教授认为,个人信息权与隐私权不易清晰界分的关键在于:随着互联网、数据库、云计算等高新科技的发展,个人信息的保护无疑成为现代社会所面临的新挑战,而法律未对此挑战做好充分的应对。美国总统行政办公室提交的一份关于《规划数字化未来》的报告称:"如何收集、保存、维护、管理、分析、共享正在呈指数级增长的数据是我们必须面对的一个重要挑战。从网络摄像头、博客、天文望远镜到超级计算机,来自于不同渠道的数据以不同的形式如潮水一般向我们涌来。"大量的信息中又包含许多个人私密信息,这是现代社会法律面临的新课题。个人信息与隐私权在权利内容、权利边界等方面均存在一定交叉,这也是难以严格区分二者的重要原因。因此,对个人信息权与隐私权进行科学的区分并在此基础上总结和摸索立法经验,制定相应的保护规则,是两大法系所面临的共同挑战。❶

正如上文中提及的,对个人信息保护理论的不同,欧洲和北美洲国家的立法实践出现了一定的差异。

德国早在1970年就开始制定《联邦个人资料保护法草案》,1977年生效,也被称为《个人资料保护法》。该法第一次系统地、集中地保护个人信息,但并未对个人信息与隐私权做出严格区分。❷无独有偶,1978年法国《计算机与自由法》规定,对个人信息的处理不得损及个人人格、身份以及私生活方面的权利,但个人信息与私生活保护之间究竟是何种关系,该法同样未予以明确。❸

---

❶ 王利明. 论个人信息权的法律保护——以个人信息权与隐私权的界分为中心[J]. 现代法学,2013,35(4):64.

❷ 王利明. 论个人信息权的法律保护——以个人信息权与隐私权的界分为中心[J]. 现代法学,2013,35(4):62.

❸ 王利明. 论个人信息权的法律保护——以个人信息权与隐私权的界分为中心[J]. 现代法学,2013,35(4):63.

美国则是以隐私统一保护个人信息。美国早在1974年制定《隐私法》，主要是针对联邦行政机构的行为，致力于规范各类信息的收集、持有、使用和传输。可见该法采取了通过隐私权对个人信息加以保护的模式。因此，有学者基于该法认为，个人信息本质上是一种隐私，隐私就是我们对自己所有的信息的控制。❶2003年，日本通过的《个人信息保护法案》同样将个人信息资料视为个人隐私的一部分加以保护。❷加拿大很早就开始打击网络犯罪保护个人信息安全的实践。1985年，加拿大就通过了刑法修正案，将滥用计算机获取政府信息的行为规定为犯罪，防止政府信息和个人信息被犯罪分子非法利用。此外，加拿大《隐私法》适用于联邦政府收集、保留、使用和披露个人信息，从而保障公民（包括加拿大非永久居民）的个人信息权利。2000年，加拿大制定了专门的《个人信息保护和电子文档法》对于个人数据收集者提出了几项要求，如报告收集到的个人数据、向审查方提供报告、在安全的环境中保护数据以及只允许授权访问等。"规范信息操作准则"是联邦政府关于电子流程中涉及个人隐私信息的规定，其包含的10项准则非常详细地规定了网络公司在使用个人信息时合法性和充分保护个人信息的原则。❸

有学者倡议，我国未来个人信息保护应当以"个人敏感隐私信息"概念对个人信息进行类型化区分。个人敏感信息是指关涉个人隐私核心领域、具有高度私密性、对其公开或利用将会对个人造成重大影响的个人信息，如有关性生活、基因信息、遗传信息、医疗记录、财务信息等个人信息。敏感信息一旦遭到泄露或修改，会对标识的个人信息主体造成不良影响。也有论者认为，该标准失之过宽，弱化将敏感信息与一般信息

---

❶ 王利明. 论个人信息权的法律保护——以个人信息权与隐私权的界分为中心[J]. 现代法学,2013,35(4):63.

❷ 王利明. 论个人信息权的法律保护——以个人信息权与隐私权的界分为中心[J]. 现代法学,2013,35(4):63.

❸ 雷珩. 加拿大网络安全治理框架[J]. 中国信息安全,2013(10):49.

区分的意义。"敏感隐私"与"核心隐私"有区别,前者是极具本土化色彩的概念。我国台湾地区的"个人资料保护法"第6条对个人敏感信息进行了类型化的列举,是以"个人核心隐私"为标准。

还有学者认为,我国宪法规定的隐私权内容为《刑事诉讼法》隐私权内容搭好了框架,刑事诉讼中所涉及的隐私权保护主要包括以下三类:(1)人身隐私,(2)空间隐私,(3)信息隐私。其中信息隐私跟本书讨论主题密切相关,是指自然人的私人信息受法律保护,不被他人非法知悉、搜集、利用、公开等。信息隐私同样建立在人格尊严基础之上,公民对个人信息有着基本和持续的利益,并对个人信息的保存、发布和交流有控制和决定权。❶

结合网络犯罪侦查中互联网服务提供商与侦查机关合作时应保护的权利这个问题,"信息隐私"是一个很好的逻辑起点。刑事侦查不同于民事纠纷解决。在刑侦过程中,获取公民已经公开发表在公众平台的信息,用作调查线索或后续用作出庭证据,是各国侦查机关通行的做法。例如,犯罪嫌疑人在新浪微博发布的信息,给他人的评论、转发;或微信朋友圈的位置显示,或脸书上发表的信息等,都是直接可以用作侦查目的使用的,而不需要传票或出示命令才可以获取。由于这些信息都是互联网上所有人公开可见的,失去了私密性,或者说不再具有隐私期待,不属于信息隐私的范畴。而另一方面,互联网服务提供商配合侦查最主要的方式就是将自己所有、持有、控制的信息披露给警方,所以如果过程中有涉嫌对公民个人信息的侵犯,都是与公民的个人信息权利有关的。综上,"信息隐私"是讨论网络犯罪侦查中公私合作的最佳切入点,而从本质上,信息隐私的核心和偏重还是在"隐私"上。因此,由于刑事犯罪侦查的特殊性,防止公民权利被公权力机关侵犯和倾轧,隐私权是较个人

---

❶ 赵秉志,孟军.我国刑事诉讼中的隐私权保护——以刑事被追诉人为视角[J].法治研究,2017(2):87.

信息权更为适合的工具。而个人信息权则更适合讨论，个人权利被私主体侵犯的情况，如个人信息被互联网服务提供商侵犯的情形，主要有三类。(1)个人数据收集。当用户在填表填空的同时一些信息正被收集，尽管用户通常并不知道这些信息将被如何处理。当用户访问网站时许多信息在用户不知道的情况下通过cookies或对用户机的其他检测被收集。(2)个人数据二次开发利用。商家把网上收集到的个人数据，存放在专门的数据库中，然后经过数据加工、数据挖掘等方法得到有商业价值的信息，用于生产经营之中。(3)个人数据交易。公司之间相互交换个人信息或对掌握的个人信息进行买卖。❶如2018年初，"脸书"(Facebook)与"剑桥分析"涉及泄露7100万用户信息的事件。

第四节　不强迫自证其罪权利的保护

不强迫自证其罪原则，是当今世界文明国家广泛认同的一项刑事司法原则，是对无罪推定原则的贯彻。它是衡量一个国家现代司法文明程度的重要标准之一。不强迫自证其罪原则起源于英国，后被美国宪法第五修正案吸收，并通过一系列判例确定下来。德国、法国等大陆法系国家也受英美影响，陆续在本国的法律中规定不得强迫自证其罪。该原则还被写入了《公民权利和政治权利公约》等国际条约。2012年修改的《刑事诉讼法》，增加了不得强迫任何人自己证实自己有罪的规定。❷根据2012年《全国人民代表大会关于修改〈中华人民共和国刑事诉讼法〉的决定》第五十条："审判人员、检察人员、侦查人员必须依照法定程序，收集能够证实犯罪嫌疑人、被告人有罪或者无罪、犯罪情节轻重的各种证据。严禁刑讯逼供和以威胁、引诱、欺骗以及其他非法方法收集证据，不得强迫任何人证实自己有罪。"

---

❶ 徐瑾.美国网络隐私权法律保护[J].现代情报,2005(6):222.

❷ 张建伟.法律正当程序视野下的新监察制度[J].环球法律评论,2017(2):64.

　　不强迫自证其罪的原则不同于沉默权,不仅仅体现在警察讯问犯罪嫌疑人的过程中,其核心是被追诉者不得被强迫协助对自己的指控。网络用户在使用互联网服务,包括邮箱服务、App 服务、云存储等服务时,仍然对过程中所产生的信息和数据享有所有权。互联网服务提供商因其提供的服务之性质和特殊性,能够获取这些信息,接入甚至拦截、监听这些信息,但并不代表互联网服务提供商当然地对上述数据享有所有权。很显然的一点是,互联网服务提供商并不能对网络用户的内容进行审查,而只可以使用"过滤设置"和"报警设置"来合理、有限度地管理其服务器上的内容。所以,当涉及侦查机关要求互联网服务提供商提供与内容相关的信息,而这些信息正好可以用来证明被告人、犯罪嫌疑人有罪时,这种强制披露,就有强迫自证其罪的嫌疑。从另一个角度讲,未经被告人、犯罪嫌疑人允许强迫提供这些信息,也违反了被告人、犯罪嫌疑人的沉默权。如果被告人、犯罪嫌疑人是在知情的情况下,断然不会同意披露这些信息,而是会引用沉默权保护自己。

　　除了上述权利不得侵犯外,在刑事诉讼程序中使用信息通信技术同样也不应当侵害公平审判的权利,也就是包括了获得公开庭审的权利、交叉询问和质问的权利、查阅案卷的权利和获取在电子证据领域有专长的专家帮助的权利。通过上述权利来确保控辩双方的实力均衡。❶

❶ INTERNATIONAL ASSOCIATION OF PENAL LAW. Resolutions of the congresses of the international association of penal law(1926—2014)[Z]. Nineteenth International Congress of Penal Law "Information Society and Penal law":446.

第五章　互联网服务提供商的技术支持协助义务

　　互联网服务提供商作为互联网领域的重要行为体,其行为对网络安全、互联网行业的繁荣,以及计算机信息系统及网络上的数据和信息安全,起着举足轻重的作用。在推进互联网安全协同治理的进程中,互联网服务提供商至关重要。那么,究竟互联网服务提供商在维护网络安全过程中承担着怎样的义务? 如果未能履行,会违反行政法或者触犯刑法。尽管各国国内法有差异,但大致都设置了对互联网服务提供商的基本要求。第一,互联网服务提供商自身网络安全的维护义务,这要求互联网服务提供商应重视自己的计算机信息系统安全,采取防火墙等安全防范措施,不轻易被找到漏洞或被轻松攻破,提供安全稳定的网络运维和服务。第二,明知对方为从事违法犯罪活动,不得对其提供接入、支付等服务。第三,如果在其提供服务的平台,出现了危害国家安全、煽动恐怖主义、侵害他人名誉和隐私的言论,应当删除,拒不履行,构成对义务的违反。第四,要依法收集公民信息,不得非法兜售公民个人信息。除此之外,互联网服务提供商还负有配合侦查机关发现罪案的义务,但这个义务并不是互联网产生之初就有的。随着互联网行业的发展,越来越多的传统型犯罪迁移到了网络空间,因此网络空间取证就成为侦查网络犯罪所必不可少的手段,而这个过程中间就离不开互联网服务提供商的支持和配合,既包括一些技术的支持如解锁、解密,又包括对信息和数据的披露。

　　我国《网络安全法》第28条规定:"网络运营者应当为公安机关、国家安全机关依法维护国家安全和侦查犯罪的活动提供技术支持和协助。"根据该条规定,公安机关在侦查犯罪的活动中,网络运营者应当为其提供技术支持和协助。那么技术支持义务究竟包括哪些具体的作为或不作为义务?与此同时,服务者一方面还负有保护客户电子信息的义务,❶这两种义务之间发生冲突时应如何协调?哪者优先,应当使用何种工具来衡量侦查措施与所涉权利之间孰轻孰重?

目前,这些问题在《网络安全法》及相关法学理论中均无明确答案,实践中的操作也没有司法授权和司法监督,仅由公安机关网侦部门与不同的互联网企业视情况而定。因此,有两种可能:第一种,互联网服务提供商在应当配合时,拒不配合,出现无法侦破案件的情况;第二种,互联网服务提供商在配合时,为了换取政府的好感,而不顾用户信息的保护,提供超过必要限度、侵犯公民隐私的信息。无论哪者,均说明应将侦查机关与互联网服务提供商的合作正式化、协议化,纳入法治框架,受司法授权和司法监督。此处我们还排除了互联网服务提供商不按照用户协议,搜集超过用户协议的用户信息,将上述信息变卖,或者将合法收集的用户信息售卖给其他组织或个人的违法行为等。

第一节　数据留存和保全义务

数据留存(data retention)和保全(preservation)是互联网服务提供商为侦破网络犯罪和违法行为所承担义务的首要环节。数据留存是指对一段时间内处理或接收的数据静态化并进行保存归档。数据保全则是指针对已经静态化的数据通过加密等措施保证其完整性和真实性。没有数据的留存和保全,网络犯罪分子就成为无踪迹的隐形者,可以随意潜行不留痕迹。留存数据并保全特定的期限,是各国的普遍做法,只是在

---

❶ 裴炜. 犯罪侦查中网络服务提供商的信息披露义务——以比例原则为指导[J]. 比较法研究,2016(4):93.

留存的数据类型、期限和留存数据适用的犯罪类型等方面略有差异。

不断强化网络服务提供商的数据存留和保全义务,已成为各国立法和司法实践的一大趋势。欧盟过去20年间一直就个人数据保护和数据存留之间进行拉锯战。德国相关立法被宪法法院否决之后,又于2015年12月通过了《通信数据的存储义务与最高存储期限引入法》。❶

关于留存和保全的数据类型,各国立法处理大同小异。一般来说,内容信息被排除在留存和保全范围之外。《网络安全公约》规定了交互数据的留存义务。欧盟在《数据保留指令》要求为侦查、起诉、审判严重犯罪保留数据,但并不包括内容数据。此外,澳大利亚《2015电信(拦截和访问)修正案(数据保存)法案》[*Telecommunications(Interception and Access) Amendment(Data Retention)Bill* 2015]及英国《2012通信数据法》《数据保存与侦查权法》(*Data Retention and Investigatory Powers Act*)均有类似规定。《2012通信数据法》要求互联网服务提供商必须保留英国人网上活动细节相关信息一年,以备警方和情报机构查询。网上活动信息包括网民在社交网络上的活动、电子邮件、网络通话、网络游戏等。❷

留存期限则为90天到2年不等。具体而言,美国规定了90天留存期限,荷兰和英国为12个月。另有采用不固定期限的立法方式,如欧盟《数据存留指令》规定的是至少6个月至多2年。《网络犯罪公约》规定的是至多90天。在决定留存和保全期限时,需要考虑两方面的因素:一是尽可能保留数据以打击犯罪;二是将互联网服务提供商的数据留存成本尽量控制在合理范围内。同时还要顾及超大型、大型和小型互联网服务提供商的硬件能力和资金差异。因此,可以预料的是各国在平衡上述因素时,会有不同的态度。

---

❶ 裴炜.比例原则视域下电子侦查取证程序性规则构建[J].环球法律评论,2017(1):85.

❷ 郭华.技术侦查中的通讯截取:制度选择与程序规制——以英国法为分析对象[J].法律科学(西北政法大学学报),2014(3):180.

　　保留数据措施适用犯罪的类型颇具争议。这点从欧盟一些成员国的宪法法院纷纷宣布转化欧盟《数据保留指令》的国内法无效可以看出。主要原因就是,要求服务商保留数据以备司法机关提取是出于打击严重犯罪的需要,但该指令未能对不同数据类型加以区分并设置不同的程序性保障,构成对"比例原则"的违反。该立场得到了欧洲法院的背书。但2015年欧洲委员会公告态度暧昧,既未支持也未反对数据留存立法。

　　欧盟法院关于禁止电子通信服务制造商保留一般数据和任意数据也有一个重要判决。首先,判决确立了司法事先审查原则,并明确了目的正当的门槛为"严重犯罪"。也就是政府对保留数据的访问应仅限于以预防和发现严重罪行为目的,而且在访问之前必须经过法院或独立机构的审查。其次,判决确立了通知原则,也就是在不危及任何调查的情况下,如有必要,应尽快通知数据保留的对象数据留存或保全事宜,以使他们能够应对或主张自己的权利。联合国曾出台关于隐私权的决议,号召各国避免要求企业以违法方式或任何方式采取干涉隐私权的措施,并应告知用户可能会影响到他们隐私权的企业政策。❶

　　区分不同的个人信息以划定保护和利用,是个人信息法律保护的常见做法。欧盟的《个人数据保护指令》沿用了1981年欧洲理事会《有关个人数据自动化处理之个人保护公约》确立的特殊类型数据保护制度,原则上禁止特定种类数据的收集和利用。此外,欧盟成员方、瑞士、挪威、冰岛、加拿大及我国台湾地区也有类似的相关规定禁止和限制处理特定类型的信息。周汉华教授于2003年起草了《个人信息保护法(专家建议稿)》对敏感个人信息问题进行了深入研究,但最终敏感信息概念未被采纳,"原因在于域外立法中提及的敏感的个人信息所包含的范围非常广

---

❶ 2016—2017盘点二十大数字政策热点和走向——日内瓦互联网平台(Geneva Internet Platform,GIP)及其互联网研究报告[J].海外瞭望,2017(1):144.

泛,不符我国国情"❶。究其原因仍是因为资料敏感性的高低不同,资料处理对个人资料隐私造成风险的大小也各异,将敏感数据与一般数据相区别,适用不同的留存和利用规则,是法治更精细化的做法,能够更好地保护公民个人权益。❷

就数据留存的方式而言,针对电子数据的采集和存储应当采取一般性规范还是采取个案审查,欧洲人权法院并未给出答案。从目前各国立法的情况来看,设置一般性数据存留规范是主流。❸

第二节　披露义务

在立法层面上对互联网服务提供商施加信息披露义务,其本质是对刑事侦查手段的扩展和延伸。❹互联网已经成为现代生活所必不可少的部分,互联网服务提供商都或多或少地收集或者至少可以接触到用户的信息数据,包括身份信息、邮箱地址、支付信息等。那么,如果侦查活动中,侦查机关要求提供上述信息,互联网服务提供商是否有义务披露?信息披露是否当然地属于提供技术支持和协助的语义范畴?如果必须披露,有哪些信息不能披露?披露受到哪些原则的限制?这些问题,目前《网络安全法》及其他立法,均没有直接明确的答案。因此,研究外国相关立法和实践,为将来我国逐步将互联网服务提供商披露义务法治化,有重要的前瞻和借鉴意义。根据美国1986年颁布的《电子通信隐私法》(即《美国法典》第18章)"自愿披露客户交流或记录"的规定,电子通信服务提供商只有在特定的例外情况下才能自愿向政府机构披露交流

---

❶ 张新宝.从隐私到个人信息:利益再衡量的理论与制度安排[J].中国法学,2015(3):50.

❷ 张新宝.从隐私到个人信息:利益再衡量的理论与制度安排[J].中国法学,2015(3):50-51.

❸ 裴炜.比例原则视域下电子侦查取证程序性规则构建[J].环球法律评论,2017(1):87.

❹ 裴炜.犯罪侦查中网络服务提供商的信息披露义务——以比例原则为指导[J].比较法研究,2016(4):95.

的内容。特定的例外情况包括:(1)获得交流一方同意的情况下披露交流的内容;(2)法律明确要求披露的情况下披露内容。❶紧接着,根据《电子通信隐私法》"强制披露客户交流和记录"的规定,政府机构只要申请取得相应的传票,如根据联邦或者州法律授权的行政传票,或者联邦或州的大陪审团或者法庭的传票,就可以要求电子通信服务提供商披露客户的非内容信息,具体包括姓名、住址、服务的时间长度、服务的种类等。❷这些由互联网服务提供商披露的非内容信息在追诉网络犯罪中同样具有重要作用。根据非内容信息也可以分析出大量案件信息。❸例如,通过电子邮件或手机短信的收件人,发现犯罪嫌疑人近期联系的对象有哪些,通过移动电话定位数据,发现犯罪嫌疑人日常的活动情况,甚至可以推测出其爱好、政治观点及宗教信仰等。这些非内容信息的汇总和分析,可以获知犯罪嫌疑人私生活的图谱。尤其是随着技术的不断进步,非内容信息的侦查价值甚至可能高于内容信息。例如,通过移动电话的GPS定位,可以实时监控犯罪嫌疑人的行动路径。❶

多年来,美国互联网服务提供商一直在保护消费者隐私与利用消费者个人数据获取利益间维持平衡。互联网公司重视客户的信任,这是他们经营的基础。企业希望与客户更多地共享信息来掌握市场动态并增加利润。客户在获取更优质服务的同时,也要求公司保护个人隐私数据,普通客户并不希望自己的信息在未经同意的情况下就被提交

---

❶ 如美国 1998 年《保护儿童与惩罚性犯罪法》(*Child protection and sexual predator punishment act of* 1998)要求服务提供商发现并报告儿童色情信息。

❷ 陈永生.计算机网络犯罪对刑事诉讼的挑战与制度应对[J].法律科学(西北政法大学学报),2014(3):144.

❸ 陈永生.计算机网络犯罪对刑事诉讼的挑战与制度应对[J].法律科学(西北政法大学学报),2014(3):144.

❹ 陈永生.计算机网络犯罪对刑事诉讼的挑战与制度应对[J].法律科学(西北政法大学学报),2014(3):144.

给政府。❶

　　有美国公司在斯诺登泄密前就对政府索取用户信息提出了质疑。2008年,雅虎公司在外国情报监视法庭对国家安全局提起诉讼,拒绝提供自己的用户数据。但法庭的判决认定政府的做法符合国家安全利益,并不涉及公民隐私问题。此后再没有公司针对此类问题进行上诉,默认政府按照《外国情报监视法案》所申请的事项都是合法的,不配合政府要求的做法将被视为违法。据美国"电子隐私信息中心"的数据,2008—2012年,在8591份涉及《外国情报监视法案》的申请中只有两份被法院拒绝。❷

　　外国情报监视法庭是负责裁决政府的数据收集请求的秘密法庭。斯诺登泄露了一份外国情报监视法庭的命令,内容是要求威瑞森(Verizon)通信公司上交其所有客户的通话元数据。由于这种收集信息的行为侵犯了公民的隐私权,有人认为该法庭的命令是违宪的。由于国会没能对情报部门和外国情报监视法庭进行一如既往的监督,这导致了它不能识别严重的调查滥用,更谈不上制止该行为了。❸

　　由于披露义务在本书第三章第一节介绍侦查机关与互联网服务提供商合作的一般性程序时,已有较多论述,在此不再赘述。

第三节　解密义务

　　除数据留存、保全义务,信息披露义务以外,互联网服务提供商还具有设备解密义务。由于现在手机作为上网终端已经普及,且增长势头迅猛,所以很多手机、便携式电脑、移动设备制造商也成为广义的互联网服务提供商。关于服务商解密义务争议最大的就是,苹果公司与美国联邦

---

❶ 李恒阳."斯诺登事件"与美国网络安全政策的调整[J].外交评论,2014(6):119.

❷ 李恒阳."斯诺登事件"与美国网络安全政策的调整[J].外交评论,2014(6):120.

❸ 李恒阳.奥巴马第二任期美国网络安全政策探析[J].美国研究,2014(2):65.

调查局（FBI）争议案。FBI-苹果解密争议关系着，当手机里的数据受到加密保护时，美国法院是否能够以及在多大程度上可以强迫制造商协助执法机关解锁手机，该问题引起了社会的广泛议论。2015—2016年，苹果公司收到并拒绝了由美国地区法院根据《1789年全部令状法》颁布的至少11个命令。大部分命令是要求苹果公司利用现有能力从那些上锁的、使用iOS7系统或更老系统的苹果手机中提取通讯录、照片和通话记录。有些请求还涉及安全保护更高的手机，这些以苹果公司的现有力量无法破解。上述命令能够强迫苹果编写新的软件，允许政府绕开设备的安全设置并解锁手机。

在美国法院发出的十多个命令中，最受关注的是2016年2月美国加利福尼亚州中央地区区法院发出的命令，命令苹果公司为FBI开发后门软件，用来解锁一部苹果5C手机。该手机属于2015年12月一次恐怖袭击中的一名枪击者塞义德·法鲁克（Syed Farook）。恐怖袭击发生在加利福尼亚州圣贝纳迪诺，死亡14人，受伤22人。两名袭击者在随后与警察的枪战中死亡，死亡前他们毁掉了其个人手机。其中一人的工作手机被完整修复了，但有4位数字密码保护，且设置了"如果十次输入错误就自动删除所有数据"的指令。

FBI要求苹果公司编写的后门软件可以实现以下三个目标：

其一，绕过或者禁用iOS设备上自动擦除数据的功能；

其二，允许FBI通过电子手段输入密码；

其三，删除iOS中密码输入错误之后出现的延迟。

该法院命令遭到苹果拒绝。苹果公司CEO库克认为，该项要求苹果为其iOS系统创建后门、绕过iPhone密码的命令，会威胁到所有iPhone用户的安全。一旦苹果妥协，并提供这样的软件，它将可能被用来窥探所有其他的iPhone。为对抗FBI，库克发表公开信表示，智能手机已经成为人们生活中不可或缺的一部分。很多手机用户基于对iPhone手机加密的信任，才将通话记录、照片、备忘录、日程、健康和银行及其他财务信息存储在手机里。所以，手机加密是对用户信息安全、财产安全、个人隐私最重要也是最简单的保护手段。而 FBI 要求苹果公司制作的后门软件，可以用在所有使用 iOS7 及更老系统的 iPhone 手机上，并可以被反复利用。这就好比 FBI 有了一把万能钥匙，可以打开任何一个 iPhone 手机，会成为非常危险的先例（a dangerous precedent）。❶

　　接下来的几周内，双方各抒己见、争执不下。政府和执法官员反对加密，认为会严重妨碍调查犯罪，尤其是恐怖主义活动犯罪。而苹果公司和隐私权倡导者则认为，加密是确保个人信息和通信安全的重要措施。美国公民自由联盟研究员克里斯托弗·索霍（Christopher Sogholian）则认为，这场纠纷的关键在于："政府表面上急于破解手机以防止恐怖活动的再次发生，其实是想要通过此次裁决形成永久性的生效判决。"❷正在矛盾最激烈、法庭即将就该案件进行聆讯的前一天，战斗宣告结束，联邦调查局找到了第三方机构以色列安全公司（Cellebrite）成功解锁了手机。

　　苹果与联邦调查局的隐私大战让美国上至国会下至每个民众都对手机加密问题引起了关注。这场官司引发了全国性大辩论，涉及国家安全、执法、个人隐私和大型科技公司等各方利益。其中涉及的法律问题至少有：（1）法庭是否可以要求互联网服务提供商包括智能手机等硬件销售商削弱其产品的加密保护机制？或者立法机关是否可以制定相关立法？政府部门是否可以制定相关行政法规？（2）当私营部门拒绝削弱其产品加密保护机制时，政府部门在获得法庭令状后，是否有权要求相关企业对自己的产品或者互联网站进行解密？（3）私营部门是否有权在

---

❶ 屈舒阳.我国刑事有证搜查制度之反思——从苹果"叫板"FBI事件说起[J].上海政法学院学报（法治论丛），2017（1）:137.

❷ 屈舒阳.我国刑事有证搜查制度之反思——从苹果"叫板"FBI事件说起[J].上海政法学院学报（法治论丛），2017（1）:137.

保护用户隐私和数据安全的考虑下,将产品的加密级别设置为无法自行解密,以规避后续执法机构要求自己破解加密的窘境,即产品的不可解密性?

　　事件爆发后,16家硅谷网络公司签署联名信,声援苹果公司。推特联合爱彼迎(Airbnb)、史克威尔(Square)、易见(eBay)递交了意见陈述;美国电话电报公司(AT&T)和英特尔也递交了支持苹果的简报声明;魔斯拉(Mozilla)则联合谷歌(Google)、瓦次艾普(WhatsApp)、印象笔记(Evernote)、色拉布(Snapchat)等公司,拟赶在最后截止时间前递交联合声明。脸书还针对其旗下应用WhatsApp推出了端到端加密。使用端到端加密后,Facebook也无法查看聊天消息,从而避免了日后被迫向政府出示涉及公民隐私的信息。❶

　　此外,辩论也促使其他组织采取行动。互联网权利组织(Fight for the Future)、美国民权同盟(American Civil Liberties Union)及大赦国际也表态支持苹果公司。❷但更大的法律问题是,政府是否可能迫使公司提供手机和其他电子设备的访问权,但法院从未做出回应。

　　然而,苹果同联邦调查局的"战斗"也并未停歇,两者间的较量可能再次展开。2017年11月在美国得克萨斯州萨瑟兰市第一浸信会教堂枪击案中,枪手所用的也是iPhone。

　　参议院情报委员会的两党领袖理查德·柏尔(Richard Burr)和戴安娜·范斯坦(Dianne Feinstein)都表示支持对加密问题进行立法。有报道称,国会已经有议员考虑通过新的法案,授权联邦法官有权命令像苹果

---

　　❶事实上,微软和谷歌都面临类似的法律纠纷,其中执法部门要求访问其云服务中存储的数据。亚马逊还被要求提供与阿肯色州谋杀案相关的录音。在爱尔兰建有大型数据中心的微软在法庭上表示,除非得到爱尔兰方面的批准,否则它不会向美国政府提供保存在爱尔兰的数据。相较之下,谷歌比较不幸:当月初,一名美国法官裁定谷歌必须向FBI提供保存在美国境外的电子邮件数据。

　　❷师索.构造与博弈:互联网监控的权力关系解构[J].行政法学研究,2017(3):92.

这样的科技企业帮助执法官员访问加密数据,并对拒不配合政府刑事侦查的互联网服务提供商处以刑事处罚。该设想是否可以通过成为立法,有待后续观察。

第四节 安全管理义务

一、平台内容监督义务

《网络安全法》第48条规定:"电子信息发送服务提供者和应用软件下载服务提供者,应当履行安全管理义务,知道其用户有前款规定行为的,应当停止提供服务,采取消除等处置措施,防止信息扩散,保存有关记录,并向有关主管部门报告。"上述条文被解读为立法者给互联网服务提供商设定的"安全管理义务",也就是要求互联网服务提供商在发现电子通信过程中存在法律、行政法规禁止发布或传输的信息时,具有采取消除措施、保存记录等具有明显公权力属性的行为方式,实际上是授予其监控公民私生活的巨大权力,同时也是一项巨大的义务。❶该义务的操作前提,是授权互联网服务提供商主动"过滤敏感信息"的权利,而这种过滤机制在很多国家都是被禁止私主体采用的。❷

在苹果、谷歌、微软、亚马逊和脸书取代埃克森美孚(石油)、通用(制造)、微软(软件)、花旗集团(金融)、美国银行(金融)成为新的全球市值前五的今天,超级网络平台已经走向了世界舞台中心。腾讯和阿里巴巴,在2017年突破了3000亿美元市值,成为行业巨头。这些超级互联网企业,在商业方面垄断地位不减反增,更日益成为网络时代全球大众的

---

❶ 黄河.论德国电信监听的法律规制——基于基本权利的分析[J].比较法研究,2017(3):100.

❷ 黄河.论德国电信监听的法律规制——基于基本权利的分析[J].比较法研究,2017(3):100-101.

信息基础设施。这些公司的网络安全和数据安全,关乎国家乃至世界范围内数以亿计公民的隐私和数据安全以及他们使用网络超级平台工作、生活、社交的正常进行。因此,互联网服务提供商尤其是那些超级网络平台,已经在很大程度上替代了原本应当由国家承担的网络社会公共服务和公共政策的一大部分,正在承担传统政府的社会管理职能。尤其是犯罪预防方面,互联网服务平台承担着木马病毒等其他非法入侵行为防控,漏洞预警等责任。如在知识产权犯罪方面,平台承担将违法内容下架的自纠自查职能,这些职责与政府的社会治理职能部分重合,或者保护法益相一致。

平台内容的监管还应吸收社会层面多元角色的参与。如,凡互联网平台上涉及造谣诽谤、不良信息、人身攻击、侵犯知识产权等涉及公民权益的各种行为,不能变成一家企业自身封闭操作。应该形成更加公开、透明的管理机制,充分发挥更加具有公信力和独立性非营利的社会第三方机构和力量的独特作用。此前新浪微博对此进行了有益的探索,成立了微博社区委员会,通过外聘的方式招募专家委员会和普通用户参与到对微博平台不良信息的治理中。这种"多利益相关方机制"让学术界专家学者、非政府组织、社会意见领袖、用户代表等作为主体参与,同时政府部门参与,企业配合执行实施的新型管理模式在网络内容管控方面是事半功倍的。

二、是否有对内容的监控义务——QQ相约自杀案

2010年发生的QQ相约自杀事件引发了学界和舆论对网络平台内容监管义务的讨论。

2010年6月初起,张某多次在腾讯公司经营的不同QQ群上向不特定的对象发出自杀邀请。20天后,范某看到张某在QQ群里留下的信息后与张某联系并约到丽水自杀。在实施自杀的过程中,张某疼痛难忍终止

自杀,并劝范某放弃自杀。张某独自离开宾馆,范某死亡。后范某父母将张某和深圳市腾讯计算机系统有限公司告上法庭,认为张某邀约范某自杀,导致其死亡;腾讯作为互联网服务提供商,未及时对"相约自杀"的内容进行删除或者屏蔽,致使其得以传播,应对范某的死亡承担连带赔偿责任。

丽水市莲都区人民法院一审认为,张某多次在不同QQ群上向不特定对象长期公开告示自杀邀请,腾讯公司从未对这些可能侵害他人生命健康权益的有害信息采取措施,导致悲剧的发生。判决张某和腾讯公司各承担20%和10%的赔偿责任,判决张某赔偿11万余元,腾讯公司赔偿5万余元。两被告均不服法院判决,提起上诉。二审法院因张某撤回上诉,维持了一审对张某的判决。

二审法院意见认为,腾讯公司作为交流平台提供网络技术服务,对于网络用户多次在不特定QQ群发布信息的,只负有事后被动审查、事后监管的义务,也就是只在接到相关权利人通知或确知侵权事实存在的情况下,腾讯公司才应采取必要处置措施,不需要通过人工、技术手段事先主动审查、监管群聊信息。本案中,没有证据证明权利人已经通知并要求腾讯公司删除、屏蔽或断开链接相关有害信息,腾讯公司主观上并没有过错,腾讯公司的行为与范某的死亡不存在因果关系,不具备侵权损害赔偿责任的构成要件。❶

从二审法院的判决我们看出,首先,互联网服务提供商负有的是经通知管理的义务,而非事前的主动审查义务。有观点认为,虽然法律和行政法规没有明确规定互联网服务提供商负有审查义务,但不等于他们可以免于该义务,民法基本原则可以作为该项义务的依据。互联网服务提供商应尽到与其专业经营者地位相符的合理审查义务。但由于《信息

---

❶ 大学生"QQ相约自杀案"二审宣判　法官详解腾讯不担责缘由[N].法制日报,(2012-02-14)(08).

网络传播权保护条例》以及最高人民法院相关司法解释均没有规定服务提供者的审查义务,所以审查义务的法律依据不充分。其次,要求互联网服务提供商对海量信息进行审查,会对服务提供商造成过重的负担,不太现实,也影响互联网产业的发展。第三,从域外的立法实践来看,不要求互联网服务提供商主动寻找侵权信息,即"红旗"。❶国外的法律实践大多否定互联网服务提供商对他人在网络上发表内容的预先审查和实时监控义务。❷最后,让互联网服务提供商承担审查义务,有侵害公众隐私、言论自由的风险。因此,互联网服务提供商并不具有主动的审查义务。这点与刑法相关规定相一致。

在侵权行为法上,这种面向未来的审查义务与我国《刑法》上"拒不履行法定义务责任"的归责思路基本一致。《刑法修正案(九)》专门就互联网服务提供商不履行法定义务的行为设立了刑事罚则。《刑法修正案(九)》第二十八条规定:"互联网服务提供商不履行法律、行政法规规定的信息网络安全管理义务,经监管部门责令采取改正措施而拒不改正,有下列情形之一的,处三年以下有期徒刑、拘役或者管制,并处或者单处罚金:(一)致使违法信息大量传播的;(二)致使用户信息泄露,造成严重后果的;(三)致使刑事案件证据灭失,情节严重的;(四)有其他严重情节的。"从该条规定可以看出,互联网服务提供商的拒不履行法定义务行为,是以监管部门责令改正为前提的,即"通知+不予改正",说明互联网

---

❶ 德国法院对互联网服务提供商审查义务的立场也经历过较大分歧,最终由德国联邦最高法院采取中间立场,通过类推《德国民法典》第1004条和第823条,将网络服务提供者的责任定位于"妨害人责任",创设了"面向未来的审查义务",也就是对正在发生的侵权有排除义务,并对未来的妨害负有审查控制义务。换言之,一旦网络服务提供者了解到来自第三人的某项侵权事实,即在以后针对同一侵权主体或同样侵权课题或同样侵权内容负有主动审查义务。参见刘文杰.网络服务提供者的安全保障义务[J].中外法学,2012(2):400-401.

❷ 涂龙科.网络内容管理义务与网络服务提供者的刑事责任[J].法学评论(双月刊),2016(3):67.

服务提供商对网络空间内容并没有事先审查义务,甚至没有过滤报警义务。

尽管我国跟其他国家在网络内容管理义务的范围上大致一致,但在过滤技术的使用上却持不同态度。在我国,过滤掉那些容易使普通人产生强烈侵权怀疑的信息是可接受的,根据该标准开发的过滤技术也是法律许可的。❶尽管使用过滤技术可能会过滤掉一些合法信息,但网络平台上充斥着造谣传谣、儿童淫秽信息以及假冒伪劣产品、侵犯知识产权等信息,使过滤、报警或屏蔽技术就成为必要手段。例如,淘宝网上的一家网站贴出销售信息出售"仿冒 LV 包",淘宝网根据关键词进行过滤屏蔽就是有必要的,也是发现销售侵犯商标权商品最有效率的做法。

但在其他法域,很多国家和地区并不支持过滤技术。2011 年,欧盟法院在"斯嘉丽诉萨巴姆(Scarlet v. SABAM)案"❷中,判定互联网服务提供商没有过滤、监控网络上非法内容的一般性义务,并明确主管部门不得要求互联网服务提供商必须植入信息内容的过滤系统。欧盟法院认为,要求植入网络内容过滤系统会严重侵犯互联网服务提供商的经营自由,增加运营商的经营成本。

---

❶ 刘文杰.网络服务提供者的安全保障义务[J].中外法学,2012(2):407.

❷ Scarlet Extended SA v. SABAM,CJEU,C-70/10,2011。

第六章　侦查机关与跨境互联网服务提供商的合作

　　网络信息跨国传输是社会发展进步的一个标志。这些在国家间传输的网络信息包含了大量的政治、文化、金融、财政、商业及工业信息,对各国的社会发展、政治稳定、经济繁荣、科技进步影响很大。[1]

　　2016年7月15日,美国的一个上诉法院裁定美国政府不能使用搜查证来强迫微软上交毒品案件中一位嫌疑人的电子邮件通信记录,因为这些通信记录都存储在微软位于爱尔兰都柏林的数据中心。这一裁定的意义在于,美国政府无权要求访问存储在位于美国境外数据中心的数据,即使是当数据存储公司的总部设在美国的情况下。该案引发了所谓域外调取电子数据的问题,究竟用什么标准判决某次电子数据搜查是否发生在域外? 由于主权原则的限制,各主权国对不得在域外执法的原则似乎都没有异议,因此某项数据调取是否构成"域外执法"的判断就显得至关重要了。再加上随着云存储的发展,海量的数据被存储在"云端",然而"云端"究竟在哪里? 归哪国管辖? 目前尚未有明确共识。究竟跨境互联网服务提供商是否有司法协助的义务,实践中又是如何操作的? 这些是本章要解决的重点。

---

[1] 付立宏.论国家网络信息政策[J].中国图书馆学报(双月刊),2001(2):36.

第一节　域外执法的判断标准与典型案例

一、服务器标准——微软诉美国案

2013年12月4日,美国纽约南区联邦地区法院治安法官詹姆斯·C.弗朗西斯四世(James C. Francis IV)根据1986年《电子通信隐私法》的第二部分《存储通信法》(*Stored Communications Act*, *SCA*)❶签署了一封搜查令,要求微软公司向执法机关提供一位用户的部分电子信息。治安法官认为,政府已经证明了存在合理理由相信该特定邮件账户为贩毒所用。

搜查令的范围覆盖了犯罪嫌疑人所使用的 MSN 邮箱的相关信息,包括存储在微软公司所有的不动产信息,以及微软公司维护、控制和操作的信息。搜查令要求微软对政府披露存储在该账号下的电子邮件内容,以及一些其他的与识别该账户身份信息相关的记录,包括姓名、IP 地址、用户联络人列表。作为回应,微软仅提供了该账户的身份信息记录,因为这些信息存储在美国本土;但拒绝披露该账户的邮件内容,因为内容数据被分流到了远在爱尔兰都柏林的数据中心存储。微软对用户信息的存储规则采用的是自动扫描新生成的账户,然后将该账户的相关数据"分流"到用户申报地址附近的数据中心。微软在爱尔兰都柏林就设有一个数据中心。该案中相关账户的邮件内容和其他账户信息都存储在都柏林数据中心,同时公司会将内容和其他信息从美国国内服务器上删除,并在美国之外的其他地方备份冗余数据。美国本土仅保留三个数据集(data sets),包括部分非内容邮件信息,若干用户网上通信地址信息和

---

❶ 第2703条授予了政府当局要求一个电子通信服务提供者或远程计算机服务提供者,向政府披露有关"一封电报或一个电子通信"(a wire or electronic communication)的内容信息或非内容信息的权力。

一些基础账户信息，如用户名和用户申报的所在国家。

　　微软以《存储通信法》仅适用于美国境内而数据存储在境外为由，请求治安法官裁定搜查令无效，但遭到了治安法官的拒绝。治安法官认为，自己根据《存储通信法》第2703条授权签发的令状，是一个"普通令状"（conventional warrant）。其执行方式类似"传票"（subpoenas），通常是在警察搜查住所之前，主动交出证据或违禁品。将该令状送达给持有信息的服务商即可，并不需要政府探员进入服务商的住所，搜查服务器、扣押相关的电子邮件账户。治安法官总结道，第2703条并没有改变长期以来（long been the law）适用于"传票"的基本原则，那就是一个实体依法被要求提供其所控制的信息，无论该信息存储在何处，均应提供。他进一步强调，微软申辩的域外效力的问题，在本案并不存在。因为第2703条并不惩罚发生在美国境外的犯罪行为，也不需要美国的执法人员或服务商的员工踏足域外，仅对在美国的服务提供商施加义务。重新审查后，地区法院维持了治安法官的裁判，并认定微软拒绝执行搜查令构成民事上的藐视法庭（civil contempt）。

　　微软上诉至第二巡回法院，得到了上诉法院的支持。上诉法院推翻了之前拒绝撤销搜查令的判决，同时撤销民事上藐视法庭的判决。上诉法院认为，执行涉及存储在外国的信息的搜查令构成对《存储通信法》第2703条的域外适用，是不允许的。《存储通信法》的立法重点是为了维护用户邮件通信的隐私，本案中对客户隐私的侵犯发生在客户被保护内容存储之地——都柏林数据中心。之所以上诉法院认为第2703条的立法重点是"隐私"，也因为《存储通信法》是《电子通信隐私法》的一部分，后者标题中就明确了"隐私"是该法的核心。此外，搜查令要求服务提供商接入在境外的数据中心，相当于是让服务商作为政府代理人（acting as an agent of the government）从都柏林扣押（seize）数据。上诉法院法官林奇（Lynch）先生虽然同意判决，但其理由却大相径庭。林奇不同意根据第

2703 条签署的逮捕令侵犯公民隐私的判断,因为法官认为有合理理由(probable cause)相信有必要签发逮捕令,已经是美国宪法第四修正案(关于搜查)的最高证明标准。他也不同意依据第 2703 条所签发的搜查令优先考虑的竟然是某私人公司的商业决定,并进一步指出本案中的搜查令并不是像普通的逮捕或搜查令那样需要侵入存储私人内容信息的处所。尽管带着很大的迟疑,林奇官还是赞成了判决,因为国会在立法时并没有明确授意将《存储通信法》适用于数据存储在境外的情形。为表明立场,他还是补充道,上诉法院的判决不一定是一个理性的政策结果(rational policy outcome),更不能算得上隐私权保护的里程碑。

那么,本案是否涉及域外?以及 1986 年美国国会制定的《存储通信法》是否具有域外效力?这是本案的焦点。

治安法官认为,本案并不涉及"域外"这一要素。因为执行搜查令只需要微软配合,并不需要美国人到域外进行任何活动,不属于域外执行搜查。且执行《存储通信法》的搜查令和执行普通的搜查令有区别,前者并不要执法机关亲自执行,只需要互联网服务提供商(微软)提供,类似于传票。上诉法官则将隐私保护作为本案考虑关键,并以相关信息存储地,更准确地说就是相关信息所存在的服务器所在地为标准来判断是否属于域外。上诉法官认定,要求网络服务提供商披露存储于海外服务器的用户个人数据,属于域外执法。对于《存储通信法》效力能否及于域外,治安法官和上诉法官的立场也相去甚远。上诉法官结合法条的文本和立法过程,认为法条中没有任何"确定性的语言"表明本条款是可以在境外产生效力的,国会也没有表达过任何"跨境适用"的需求,立法者并没有意图在境外适用《存储通信法》。

该判决已经在全球范围内造成了一定影响,包括微软在内的一些互联网服务提供商将该判决适用到全美,并拒绝依据《存储通信法》的搜查令向美国官方提供存储在美国之外的信息。这一状况不仅仅影响了美国,而且对世界范围内的侦查人员和检察官都造成了影响,因为他们也都依赖美国当局通过双边司法协助,从美国的服务商获取邮件内容信息,例如从谷歌公司的 Gmail 邮箱、微软公司的 Hotmail 邮箱、Yahoo 公司的邮箱等。如果美国当局无法快捷地获取这些邮件,势必也连带影响其他国家的犯罪侦查。因此,2017 年 6 月 23 日美国司法部向美国联邦最高法院提交了关于调卷令(writ of certiorari)的诉请,挑战此前上诉裁决中司法部被法官剥夺的获取域外数据的权力。目前,联邦最高法院已受理,将在 2018 年或后续完成判决。如果联邦最高法院支持上诉法院的服务器标准,则意味着互联网服务提供商在某种程度上可以通过变更自己的商业决策,改变信息存储的服务器,来对抗来自警方的搜查,会给犯罪的侦查带来一定的难度。这些信息有时候并不仅仅适用于网络犯罪侦查,其他刑事案件的侦查都有可能受到影响。

二、公司经营范围标准——雅虎诉比利时案

在著名的"雅虎诉比利时(Yahoo v. Belgium Case)案"❶中,比利时当局要求雅虎提交几个使用了雅虎免费邮箱,在比利时实施诈骗的犯罪嫌疑人的用户信息,如身份信息等。比利时当局的要求依据了《比利时刑事程序法典》第 46bis 条(Article 46bis of the Belgian Code of Criminal Procedure)。该条规定,在比利时领域内的互联网服务商,在特定条件下,为侦查犯罪的目的有义务向比利时当局披露用户信息。雅虎公司辩称,自己不符合《比利时刑事程序法典》第 46bis 条中所规定的"电子通信服务提供商"(provider of electronic communications services),❷比利时当局强迫雅

---

❶ Tribunal correctionnel de Termonde, No. DE 20.95.16/08/25,注:本条为比利时案件编号。

❷ STEVEN DE SCHRIJVER, THOMAS DAENENS. The Yahoo! Case: the end of international legal assistance in criminal matters, september 2013[EB/OL]. (2018-03-18)[2018-05-01]. http://whoswholegal.com/news/features/article/30840/the-yahoo-case-end-international-legal-assistance-criminal-matters(latest access on 18th March 2018).

虎提交其存储在美国,由美国雅虎公司所有的数据,是对该强制性措施的违法域外适用。雅虎公司还指出,对存储在美国的数据要遵从美国的隐私规则,被请求披露的信息不止身份信息,往来邮件的 IP 地址的披露比身份严格,如需相关信息请比利时当局请求美国当局提供双边刑事司法协助解决。

跟微软诉美国案判决不同,比利时最高法院(Belgian Supreme Court)认为,案件所涉及之强制性措施,并不存在域外适用的问题,尽管被请求披露的信息存储在比利时国界外。比利时最高法院强调,该措施意在迫使在比利时领域内从事经营活动的互联网服务提供商与执法部门配合提供有关比利时有管辖权的犯罪案件的用户信息。法院进一步指出,该措施并不要求比利时的侦查人员出现在境外,也不要求比利时当局在国界之外采取任何实质性行动。更重要的是,考虑到比利时当局并不是在向一个人在美国的当事人请求提供用户信息,实际上是要求一个在比利时活跃经营的公司提交一些比利时的用户信息。基于以上,比利时最高法院判决,案件中的强制性措施不存在域外适用。雅虎最终因为拒绝执行法院生效判决,被判触犯刑法,构成犯罪,可被处以最高 55 000 欧元的罚金。

从本案我们可以看出,比利时最高法院并没有采取美国的服务器标准说,而是采用的公司经营标准说。也就是说,只要这个公司是在比利时开展经营业务,提供了服务,对其所持有的信息的强制披露,都不属于域外执法。用比利时最高法院的说法,雅虎公司虽然在比利时没有分部、办公室甚至任何雇员,但其"虚拟地"存在于比利时领域内。其原因如下:第一,雅虎公司在比利时所销售的服务专门以比利时客户为销售目标;第二,雅虎邮箱服务在比利时使用荷兰语言;第三,雅虎在比利时的网站,以比利时国名 BE 为一级域名后缀结尾。综上,雅虎公司尽管没有一间办公室、一个雇员在比利时,但由于其公司经营业务紧密联结比利时,所以其就相当于比利时境内的公司。对比利时境内公司所持有的信息的搜查,都不构成"域外"执法。

三、公司所在地标准——荷兰法庭案

尽管荷兰的高等法院并没有就针对存储在境外的数据的"出示命令"(production orders)是否构成域外执法问题表明态度。但上艾瑟尔省地区法院(District Court of Overijssel)却在2017年2月给出了一个可能代表荷兰立场的判决。案件关涉一个在荷兰提供云存储软件服务的提供商发出的出示内容数据的命令。所要求制作和提供的数据存储在爱尔兰的服务器上,服务器由亚马逊荷兰公司承租。该云存储软件提供商之后便向上艾瑟尔省地区法院提出了申诉。上艾瑟尔省地区法院明确承认了出示命令中所要求的数据存储在爱尔兰,但并没有就案件可能涉及的"域外执法"问题做过多阐述,而是直接宣告原告(也就是该云存储软件提供商)所声称的理由在本案中都不存在。

上艾瑟尔省地区法院之所以对该强制性措施是否构成域外适用的问题莫衷一是,可能是基于对荷兰法律历史的考量。立法历史一直是荷兰法院解释荷兰法律的重要渊源之一。荷兰历史上就允许对荷兰境内的公司发出出示命令,不管相关信息是否存储在荷兰国内。管辖冲突,仅仅发生在执行该命令会抵触信息存储国的法律时,例如法律强制的隐私或保密义务。可见,荷兰延续了历史惯例,一直以公司所在地为标准,判断是否存在域外执法的问题。

四、《网络犯罪公约》的立场

除了来自实践部门的抨击,美国第二巡回法院对微软案件的上诉判决受到的批评主要集中在是否对在美国领土上的美国公司发出关于存储在境外的信息的"出示命令"构成美国法上的"域外执法"(extraterritorial enforcement）。在判断是否域外执法时，美国的司法界似乎忽视了一个很重要的问题，就是所谓的可能涉嫌构成的"域外执法"是否在国际法下合法有效。

众所周知，依据某国内法进行域外执法仅在两种情况下合法。一是得到另一主权国家的授权和允准，二是根据国际条约。在上述案件的情况下，《网络犯罪公约》作为该领域重要的国际条约，不仅允许对存储在域外的数据发出出示命令，而且积极地要求各成员国对这类型出示命令的执行提供必需的法律措施。

从这个角度来看，美国第二巡回法院在考量出示命令域外适用的合法性时，只字未提《网络犯罪公约》，也是罕见的。因为根据美国法律，对制定法的解释不应当与美国作为缔约一方的国家条约相冲突。更加奇怪的是，在司法部向美国联邦最高法院提交的长达200页的诉状中，也没有找到对《网络犯罪公约》相关规定的援引。司法部相关人员在参加国会《国际通信隐私法案》（International Communications Privacy Act）的立法听证时也只是轻描淡写地谈及《网络犯罪公约》，而没有引起各方注意《网络犯罪公约》第18条赋予各成员国的义务。这些义务显然是有利于司法部的诉讼立场的，司法部有此利器而不用，确实有些令人费解。

可以预见的是，全世界都会关注美国联邦最高法院对微软案件的最终判决，以及正在立法审议的《国际通信隐私法案》是否会变成立法。上述立法和司法的动向，必将影响全球范围内网络犯罪侦查的前景，可能使侦查力量向前一大步，也可能是对隐私及相关权利大举侵犯的开端。根据《国际通信隐私法案》，政府部门可以向提供电子通信服务或远程计算机服务的提供商要求披露以电子形式存储（如云存储）的通信内容，至于该通信的存储位置在所不问。也就是说，政府部门可以申请搜查令来获取存储在美国境外的电子通信数据。该法案要求，只有满足特定条件，政府部门才能获取上述搜查令。具体而言，必须是在政府部门已经采取了所有可能的步骤确认了相关通信的用户或客户的国籍和所在地，认为有合理的理由相信该用户或客户是一个美国人，或身处美国境内，或是某一与美国政府有执法合作协议的国家的国民。

第二节 跨境互联网服务提供商的主流操作

网络犯罪公约委员会（Cybercrime Convention Committee，T-CY），在2014年12月第12次大会时成立了一个探索解决为刑事司法目的，包括通过刑事司法协助获取云端证据的工作小组（Cloud Evidence Group）。该云证据小组对刑事司法获取云数据的挑战做出了总结，听取了互联网服务提供商的意见，主要针对与域外互联网服务提供商直接合作获取云数据，提出建议。根据美国服务提供者发布的透明报告，大约有60%的请求得到了服务提供者积极自愿的回应。[1]

近年来，很多总部在美国的互联网服务提供商，纷纷开始发布"透明报告"，报告收到来自政府为执法目的的数据请求。自愿披露"用户记录"和紧急情况下披露内容信息并不违反美国《电子通信隐私法》。[2]

一、六大互联网服务提供商的披露情况

2014年，六大互联网服务提供商（苹果、脸书、谷歌、微软、推特、雅虎）提供的数据显示，《布达佩斯公约》的48个成员国中有45个曾向其中一个或多个公司发出请求。该公约成员国总共发出了190 000次请求。

---

[1] T-CY Cloud Evidence Group：Criminal justice access to data in the cloud: cooperation with"foreign"service providers［EB/OL］.（2013-04-03）［2018-05-01］. https://rm.coe.int/CoERMPublicCommonSearchServices/DisplayDCTMContent?documentId=090000168064b77d.

[2] T-CY Cloud Evidence Group：Criminal justice access to data in the cloud: cooperation with"foreign"service providers［EB/OL］.（2013-04-03）［2018-05-01］. https://rm.coe.int/CoERMPublicCommonSearchServices/DisplayDCTMContent?documentId=090000168064b77d.

除美国以外的其他成员国，向六家美国互联网服务提供商一共发出了109 000次请求，其中65 000件案件，大约占请求总数的60%，请求获得了一些数据。被请求、披露的数据几乎都是用户或账户信息，主要就是注册人信息，涉及内容的请求很少。❶

　　这些数据还不包括直接要求删除内容或提供设备信息的请求，或直接发送给其他服务提供者的请求（见表1）。

表1　2014年《网络犯罪公约》成员国向六大互联网公司请求披露数据的情况表❷

缔约方（Parties）	收到 （Received）	披露 （Disclosure）	占比
阿尔巴尼亚（Albania）	24	7	29%
亚美尼亚（Armenia）	11	2	18%
澳大利亚（Australia）	6438	4236	66%
奥地利（Austria）	246	73	30%
阿塞拜疆（Azerbaijan）	—	—	—
比利时（Belgium）	1804	1316	73%
波黑 （Bosnia and Herzegovina）	13	8	62%
保加利亚（Bulgaria）	5	3	60%
加拿大（Canada）	850	477	56%
克罗地亚（Croatia）	45	34	76%
塞浦路斯（Cyprus）	38	21	55%

---

❶ T-CY Cloud Evidence Group：Criminal justice access to data in the cloud: cooperation with "foreign" service providers［EB/OL］.（2013-04-03）［2018-05-01］. https://rm.coe.int/CoERMPublicCommonSearchServices/DisplayDCTMContent?documentId=090000168064b77d.

❷ T-CY Cloud Evidence Group：Criminal justice access to data in the cloud: cooperation with "foreign" service providers［EB/OL］.（2013-04-03）［2018-05-01］. https://rm.coe.int/CoERMPublicCommonSearchServices/DisplayDCTMContent?documentId=090000168064b77d.

续表

缔约方（Parties）	收到 （Received）	披露 （Disclosure）	占比
捷克共和国（Czech Republic）	333	204	61%
丹麦（Denmark）	362	225	62%
多米尼加共和国 （The Dominican Republic）	54	30	56%
爱沙尼亚（Estonia）	35	19	54%
芬兰（Finland）	144	102	71%
法国（France）	21772	12863	59%
格鲁尼亚（Georgia）	1	0	0
德国（Germany）	25519	13801	54%
匈牙利（Hungary）	345	159	46%
冰岛（Iceland）	3	2	67%
意大利（Italy）	9365	4620	49%
日本（Japan）	1617	1010	62%
拉脱维亚（Latvia）	2	2	100%
列支敦士登（Liechtenstein）	5	1	20%
立陶宛（Lithuania）	49	28	57%
卢森堡（Luxembourg）	153	117	76%
马耳他（Malta）	377	197	52%
毛里求斯（Mauritius）	—	—	—
摩尔多瓦（Moldova）	13	7	54%
黑山（Montenegro）	7	1	14%
荷兰（Netherlands）	1099	856	78%
挪威（Norway）	363	238	65%
巴拿马（Panama）	88	68	77%
波兰（Poland）	1747	550	31%
葡萄牙（Portugal）	2223	1356	61%

续表

缔约方（Parties）	收到 （Received）	披露 （Disclosure）	占比
罗马尼亚（Romania）	80	40	50%
塞尔维亚（Serbia）	16	9	56%
斯洛伐克（Slovakia）	107	36	34%
斯洛文尼亚（Slovenia）	11	6	55%
西班牙（Spain）	4462	2391	54%
斯里兰卡（Sri Lanka）	1	—	0
瑞士（Switzerland）	462	266	58%
前南斯拉夫的 马其顿共和国 （The former Yugoslav Republic of Macedonia）	—	—	—
土耳其（Turkey）	8405	5625	67%
乌克兰（Ukraine）	8	2	25%
大不列颠联合王国 （United Kingdom）	20 127	13 894	69%
美国（USA）	80 703	63 147	78%
共计（不包括美国） Total excluding USA	100 829	64 901	60%
共计（包括美国） Total including USA	189 532	128 048	68%

通过《刑事司法系统获取云数据：与域外服务提供商的合作报告》中的表格数据可知，互联网服务提供商配合请求各自做法不同：

（1）法国、德国和英国分别向这6家互联网服务提供商发出了多于20 000次请求，而保加利亚、冰岛、立陶宛、列支敦士登、格鲁吉亚、黑山、斯里兰卡和乌克兰等国发出的请求均少于 10 次,而阿塞拜疆、毛里求斯和马其顿在 2014 年则从未提出过请求。

(2)六家互联网服务提供商中披露部分或全部数据的程度存在差异:微软是回复最多的互联网服务提供商,回复除美国外的成员国 78% 的请求;谷歌为 54%;脸书为 48%;苹果为 38%;雅虎为 34%;推特为 21%。雅虎拒绝大多数请求的理由并不是"没有可用的数据"而是其他理由。

(3)六家互联网服务提供商以非常不一样的方式与其他的成员国合作。以披露比例而言,如下所述:

谷歌与芬兰合作披露比例为 83%,与荷兰合作披露比例为 81%,与日本合作披露比例为 79%,超过平均水平,与波兰合作披露比例为 29%,与斯洛伐克合作披露比例为 8%,低于平均水平,与匈牙利和土耳其没有合作。

微软则与匈牙利、土耳其合作较多,披露比例分别为 83% 和 76%。

脸书同样与匈牙利合作较多,比例披露比例为 83%,与土耳其合作披露比例为 66%,与合作披露比例为波兰 29%,与合作披露比例为葡萄牙 38%,与合作披露比例为西班牙 37%。

雅虎与澳大利亚合作披露比例 51%,但对荷兰、挪威、葡萄牙和瑞士的请求均无回应。

推特与澳大利亚合作比率 58%,与日本合作披露比例为 36%,与挪威合作披露比例为 50%,但与土耳其完全没有,与法国合作披露比例为 11%,与德国合作披露比例为 16%,与西班牙合作披露比例为 12%,低于平均水平。

对不同国别请求回应程度的差异同样体现在要求删除与内容相关数据的方面,谷歌和优兔(Youtube)在 2014 年接到美国以外的成员国的 14 000 次请求。其中 49% 的请求谷歌和优兔接受并移除了内容。删除内容方面,对法国的回应比例为76%,对意大利的回应比例为73%,而对土耳其只有35%的回应比例,对澳大利亚的回应比例33%。另外一个重要发现就是,谷歌和优兔是否接受请求删除内容与该请求是否有法院的判决支持关系不大。有法院判决支援的删除内容请求,只有53%得到了配合,与整体平均数49%出入不大。❶

当然,对这六家互联网服务提供商的统计也并不是事情的全貌。很多请求被发送到了其他服务提供者,例如Snapchat公司。该公司仅在2015年1月至6月期间就收到了美国之外的其他国家的82次请求,但仅对紧急请求做出了回应。❷

二、互联网服务提供商披露信息的政策和程序

(一)以苹果公司为例

苹果公司公布和更新自己对来自美国,欧洲/中东/印度/非洲地区和日本/亚太地区的请求的指南。根据这些指南,没有合适的法定程序,不能披露任何信息。❸

在美国,苹果公司接受的服务包括传票,搜查令,执法部分电子邮件来的索要信息的法院命令,只要这些请求是通过相关执法部门的官方邮件地址传输来的。

---

❶ T-CY Cloud Evidence Group：Criminal justice access to data in the cloud：cooperation with "foreign" service providers [EB/OL]. (2013-04-03) [2018-05-01]. https://rm.coe.int/CoERMPublicCommonSearchServices/DisplayDCTMContent?documentId=090000168064b77d.

❷ T-CY Cloud Evidence Group：Criminal justice access to data in the cloud：cooperation with "foreign" service providers [EB/OL]. (2013-04-03) [2018-05-01]. https://rm.coe.int/CoERMPublicCommonSearchServices/DisplayDCTMContent?documentId=090000168064b77d.

❸ T-CY Cloud Evidence Group：Criminal justice access to data in the cloud：cooperation with "foreign" service providers [EB/OL]. (2013-04-03) [2018-05-01]. https://rm.coe.int/CoERMPublicCommonSearchServices/DisplayDCTMContent?documentId=090000168064b77d.

在欧洲/中东/印度/非洲地区：苹果公司考虑一个执法部门请求的信息是否合法有效，如果该请求是在符合真诚善意地预防、侦查和调查犯罪的情形下做出，则会对其认为合法有效的请求做出合理回复。

在日本/亚太地区：苹果公司将下列形式的文件视为执法部门合法程序文件：合作信，取证通知，传票，法院决定，搜查和扣押令，澳大利亚1979电信法授权信或当地相对等的一些有效合法请求。苹果要求的文件可能因国别不同而异，取决于所请求的信息。

根据苹果公司的隐私指南针对国际用户，所有提供的信息可能会被全世界的各种实体传输和接入。苹果公司在采集、使用和留存欧洲经济区域（European Economic Area）和瑞士境内的组织收集的个人信息时，将遵守美国商务部设定的"安全港"框架。个人信息，包括使用云服务时提供的信息。

（二）以脸书公司为例

针对美国当局的请求，脸书仅在符合服务协议条款和准据法，包括《存储通信法》美国法典第18章的条件下，披露账户记录。❶

针对国际请求，脸书仅在符合服务协议条款和准据法的条件下披露账户记录。强制披露账户的内容可能需要提供双边司法协助条约请求或调查委托书。❷

根据联合国毒品和犯罪问题办公室发布的《关于调查员和公诉人向其他法域请求电子/数字数据/证据的基本提示》的相关规定，在向外国发

❶ T-CY Cloud Evidence Group：Criminal justice access to data in the cloud：cooperation with "foreign" service providers［EB/OL］.（2013-04-03）［2018-05-01］. https://rm.coe.int/CoERMPublicCommonSearchServices/DisplayDCTMContent?documentId=090000168064b77d.

❷ T-CY Cloud Evidence Group：Criminal justice access to data in the cloud：cooperation with "foreign" service providers［EB/OL］.（2013-04-03）［2018-05-01］. https://rm.coe.int/CoERMPublicCommonSearchServices/DisplayDCTMContent?documentId=090000168064b77d.

出请求获取电子数据和电子证据时,应注意以下几点。(1)在向外国发出请求前,确保已穷尽国内手段。(2)发出请求应考虑到所涉罪行的严重性,案件轻微不应提起。(3)在发出请求前,率先使用必要手段留存电子和数字数据、证据,避免证据在短时间内被永久删除。(4)可以直接向接受调查取证的互联网服务提供商发出请求,同时将请求抄送被请求国相应的调查/公诉部门。鉴于有些互联网服务提供商对执法部门并不友好,面对不熟悉的互联网服务提供商不应直接发送请求而应先咨询被请求国的相关部门。(5)事先向被请求国当局核实,账户所有人是否会知悉留存请求,无论是因为互联网服务提供商在他们服务器上的技术设置,抑或是互联网服务提供商主动通知用户,核实后再根据情况确定侦查策略。(6)向本国的网络犯罪侦查部门咨询请求的技术方面。(7)在留存好数据后,迅速地准备双边司法协助的请求。有需要时,使用被请求国起草的司法协助请求指南。(8)咨询被请求国,在被请求国启动刑事调查的可能性。特定情况下,有些被请求国不会同意协助请,尤其是当特定种类的请求在被请求国本国不展开刑事调查是无法提供。❶(9)双边司法协助请求的内容取决于请求提供协助的类型以及被请求国需要采取措施的强制性。不同国家对外国请求获取电子证据的法律要求不同。一般来说,所需要采取的强制性措施的侵扰性越强,需要越多的证据来证明域外司法协助的请求。❷向被请求国咨询相关请求的条件。(10)告知对方如需保密。(11)如果请求紧急执行一个请求,应解释紧急的原因。(12)说明该获取的证据后续是否需要在本国法庭采纳,如果是,说明该证据需要何种认证或公证。(13)保证请求(文件)的翻译质量。(14)在请求被执行的过程中与被请求国的联络方保持联络。(15)在请求中提供包

---

❶ 例如,目前而言,美国不允许根据外国的刑事司法协助请求对通信和计算机通信的内容展开实时监控,如果请求所关涉的纯粹是外国的罪行。只有当美国与外国当局对同一问题同时展开侦查时,美国当局才有可能会将其自侦过程中截获的通信与外国当局分享。

❷ 例如,想要获取个别账户电子邮件的内容所需提交的证据要多于获取用户信息。

括非正式和正式交流的具体联络方式。(16)请求尽可能具体而符合比例,仅提确实需要的请求。(17)在通过正式渠道发出请求前先发一份草稿。(18)要求对方在收到请求后确认收到。(19)没有回音的请求不要置之不理,应跟进并弄清对方当局不予回应的原因。❶

---

❶ 参见联合国毒品和犯罪问题办公室:加强成员国预防和打击严重有组织犯罪的全球方案——《关于调查员和公诉人向其他法域请求电子/数字数据/证据的基本提示》,2014。

第七章 侦查机关雇佣白帽黑客相关法律问题

第一节 白帽黑客在网络犯罪侦查中的应用

黑客行为可以追溯到1870年英国政府非法侵入电话系统。[1]现代黑客行为与20世纪60年代出现的黑客风格联系紧密。那时,包括麻省理工学院在内的大学鼓励他们的研究员非法入侵。在这期间,大学将黑客定义为一个能够让计算机程式超出设计运行的精通计算机的人。到了20世纪70年代和80年代,开始出现如约翰·德雷珀(John Draper)之流为非法目的而进行的黑客行为。如今,黑客行为被视为一种恶意行为,指非法获取私人拥有的信息,或破坏系统和操作。黑客,是指使用计算机程序记录键盘击键信息、侵入密码、感染系统、制造恶意程序、储存非法材料、盗窃数据的人。黑客行为的原因很多,可以秘密实施也可以公然实施。诚然,获利是黑客行为的一个重要诱因,但也有一些黑客并不为金钱利益,而是为了追逐刺激,或者为了宣传的噱头,甚至出于好奇。此外,现代黑客也可能出于自身的政治观点和信仰的影响。这部分黑客自称是黑客积极分子。例如,非常知名的黑客组织"匿名者"就曾因非法侵入很多企业和政府机构而得到好评。[2]

---

[1] ROBERT TRIGAUX. A history of hacking, ST. [EB/OL]. (2017-11-20) [2018-05-01]. http://www.sptimes.com/Hackers/history.hacking.html.

[2] SARAH PEARCE. To hack back, or not to hackback, thatis the question [EB/OL]. (2017-11-20) [2018-05-01]. https://perma.cc/3H5Q-65PH.

白帽黑客,是指用自己的黑客技术来维护网络安全的黑客们,是有道德的计算机黑客,或者叫计算机系统安全专家。❶正面的黑客行为,最简单的形式就是为了创造一个更安全的网络环境将潜在的漏洞暴露出来。具体而言,白帽黑客通过网络安全技术去钻研或挖掘计算机、网络系统漏洞,并及时将该漏洞告知管理员,甚至提供修复方案。白帽黑客一般通过以下四种方式提交漏洞:(1)通过自己去联系网站管理人员提交;(2)通过国家信息安全漏洞共享平台提交;(3)通过官方的漏洞平台提交(如腾讯的腾讯安全应急响应中心);(4)通过第三方漏洞提交平台提交(如 WooYun.org,一个自由平等开放的漏洞报告平台)❷

最新报告显示,"90后"是白帽黑客的主体,比例已达到了61%;"80后"比例为30%;"70后"比例为4%左右。在这些年轻的白帽黑客群体中有一部分收入可观,年收入超过50万元,但大部分人年收入在10万元以下。调查结果与公众对白帽黑客"高富帅"的认知有较大出入。事实上,很多白帽黑客的收入并不高于普通职业,长期处于工作时间长,工作圈子闭塞,需要不断学习新的系统、网络、应用,时刻准备着与黑客展开攻防战的高压状态。

关于白帽黑客的收入,55%的白帽黑客年收入在10万元以下,月薪不足万元,仅有5%的人年薪超过50万元。❸报告还显示,51.48%的白帽黑客承认进入黑客圈主要通过自学,而圈内女黑客所占比率不足5%,单

---

❶ 调查显示:90后成白帽黑客主力[N/OL].京华时报,(2015-06-110[2018-05-01]. http://news.xinhuanet.com/tech/2015-06/11/c_127902745.htm.

❷ 白帽子黑客是怎样的一群人?[EB/OL]. (2017-11-27)[2018-05-01]. https://www.zhihu.com/question/21550120/answer/18590633.

❸ 调查显示:90后成白帽黑客主力[N/OL].京华时报,(2015-06-11)[2018-05-01]. http://news.xinhuanet.com/tech/2015-06/11/c_127902745.htm.

身黑客多达到49.97%,处女座黑客最多,达到了10.27%。❶

　　白帽黑客受雇于他们的服务,他们提供保障公司信息安全的服务获得报酬,成为公司的安全人员或顾问。根据克莱斯派(Kleespie)2000年的文章,顾问们相信,白帽黑客提供的网络安全保护的绝佳起点,那就是为公司的信息安全政策和操作提供一个底线。公司的想法是在黑帽黑客侵入公司系统、破坏公司内网、影响商业运作、损害公司声誉之前,先雇佣白帽黑客侵入系统,指出安全漏洞和短板。尤其是如果该公司的主要卖点在于其稳定性和客户的忠诚,一次分布式拒绝服务就可以毁掉公司的口碑。

　　例如,苹果公司就曾为了加强其设备的安全性,欢迎白帽黑客挑战他们的产品漏洞。2016年8月,苹果也加入悬赏大军,第一次效仿同行开展漏洞报告赏金计划,奖金高达20万美元。计划鼓励外部研究人员发现并上报其软件产品的漏洞以帮助完善产品,以前苹果都是在内部进行漏洞筛查。❷

　　一般来说,如果接入某个计算机系统是经同意和授权的,那么这个侵入就是道德的、合法的。如果没有授权,则构成一个犯罪。根据英国的《计算机滥用法》(Computer Misuse Act),未经授权的侵入包括了猜测密码,进入某人电子邮箱账户,破坏银行账户安全,等等。非法侵入计算机的最高刑罚是2年有期徒刑并处罚金。当黑客同时还篡改了数据,最高刑罚可能高达10年有期徒刑。如上文提及,在比利时,黑客技术,也就是“侵入他人计算机信息系统”,经司法授权可以作为合法的侦查手段。执法机关中的特殊网络侦查部门,除了可以自己利用黑客技术展开侦查,还可能因为技术的受限和落后而求助于白帽黑客。例如,在WannaCry勒

---

❶ 调查显示:90后成白帽黑客主力[N].(2015-06-11)[2018-05-01]. http://news.xinhuanet. com/tech/2015-06/11/c_127902745.htm.

❷ 苹果FBI“解锁iphone”大战一周年:你以为结束了?[EB/OL].(2017-02-16)[2018-05-01]. http://tech.163.com/17/0216/03/CDC8A5T400097U7R.html.

索病毒全球传播时,来自英国的23岁男子马库斯哈钦斯曾减缓了该病毒的传播。❶

　　网络犯罪侦查的困境之一就是网侦、网监部门技术的滞后性,仅仅依靠"正规军"去追查黑客,有时会陷入"道高一尺,魔高一丈"的困境。例如黑客横行时,有时不仅要借助白帽黑客的技术追查黑客,可能还要借助白帽黑客这些计算机专门知识和技术能与黑客相当的人士来设置陷阱,开展诱惑侦查,让黑客们入侵,并记录下来,作为证据入罪。也可以称为"蜜罐"。❷

第二节　与白帽黑客合作的法定程序

　　通过白帽黑客进行网络犯罪侦查,目前还未形成成熟的机制或操作规程。可以预见,将来将白帽黑客的协助纳入法治轨道是必由之路。将白帽黑客的协助法治化,首先要将白帽黑客的行为作为秘密侦查措施规制。秘密侦查措施,是当代国家惩罚犯罪、维护社会秩序的必要手段。它是指侦查主体为了发现、揭露和证实犯罪,在不被犯罪嫌疑人或其他有关人员察觉的情况下采取的侦查措施。秘密侦查不等于技术侦查,两者不是并列的关系,并非两类独立的侦查措施。技术侦查是运用技术手段秘密地实施侦查,是秘密侦查的一部分。秘密侦查的秘密性决定了其无需得到犯罪嫌疑人或其他相关人员的同意,因而属于强制性侦查措施。这类强制性侦查措施对于公民隐私权构成威胁,因而需要进行规范、控制和监督。❸

　　2012年,《刑事诉讼法》进行了全面修订,一方面强化了律师辩护权、

---

❶ 周林.阻止勒索病毒的白帽黑客被FBI逮捕[EB/OL].(2017-08-04)[2018-05-01]. http://www.techweb.com.cn/world/2017-08-04/2568735.shtml.

❷ 廖明,俞楠.法治视野下的网络侦查陷阱研究[J].山东警察学院学报,2009(6):82.

❸ 李建明.强制性侦查措施的法律规制与法律监督[J].法学研究,2011(4):158.

严格了强制措施的适用程序、完善了非法证据排除规则,进一步规范了侦查措施;另一方面从刑事诉讼法层面授予侦查机关更为有效的技术侦查权。❶与常规侦查措施相比,技术侦查具有主动性、隐蔽性、高效性、策略性等特点,有助于实现侦查实践从重口供等主观证据模式转变为重物证、书证等客观证据模式,能够有效满足犯罪侦查需要,但技术侦查也具有侵犯公民隐私、违背公权职责、破坏社会互信等潜在风险,如美国"棱镜"计划等。❷

若黑客技术可以成为技术侦查的一种用于网络犯罪侦查,那么其可适用的罪名应当也有所限制。根据干预隐私权的不同程度、不同种类的技术侦查措施被区分适用于不同严重程度的犯罪。❸举例而言,对通信自由权、住宅权等隐私权干预程度较大的通信监控、侵入监控、干预财产监控、窃听等适用于较为严重的犯罪;对隐私权干预程度较小的有形监控、业务记录监控、直接监控、电子监视等适用于一般犯罪或没有明确限制。❹

隐私权是现代权利体系中的居于重要地位的一项权利。技术侦查措施或多或少会对隐私权造成不同程度的侵扰。因此,能够适用技术侦查的犯罪必须限定在一定范围,即严重侵害社会利益的重大犯罪,例如危害国家安全犯罪、恐怖活动犯罪、重大毒品犯罪、重大贪污贿赂犯罪。对于轻微犯罪不能适用技术侦查。❺即法定主义的限制。法定主义要求监控必须有法定理由,主要是为了查明特定的重大犯罪案件事实。

适用罪名的限制,一般有三种模式:(1)荷兰模式,即规定法定刑上限在一定期限以上的犯罪可以适用;(2)德国模式,即列举具体的可适用

---

❶ 王东. 技术侦查的法律规制[J]. 中国法学,2014(5):273.

❷ 王东. 技术侦查的法律规制[J]. 中国法学,2014(5):273.

❸ 王东. 技术侦查的法律规制[J]. 中国法学,2014(5):275.

❹ 王东. 技术侦查的法律规制[J]. 中国法学,2014(5):275.

❺ 谢登科. 论技术侦查中的隐私权保护[J]. 法学论坛,2016(3):35.

的犯罪类型;(3)美国、英国、日本模式,即"列举+概括"模式,即将上述两类模式结合起来。

《刑事诉讼法》第148条采取列举类型犯罪模式。参见公安部《公安机关办理刑事案件程序规定》第254条,检察院《诉讼规制》第263条。

《公安机关办理刑事案件程序规定》第255条对技术侦查的对象做了规定:即"犯罪嫌疑人、被告人以及与犯罪活动直接关联的人员"。从切实保护公民隐私权的角度出发,刑诉法、诉讼规则均应采取《公安机关办理刑事案件程序规定》做法,明确技术侦查可以适用的对象的范围且不宜做扩大解释,该人员应当有迹象显示与犯罪活动在客观或主观上直接相关。"有迹象显示(证明)"意味着即使证明标准偏低,也需要证据证明该迹象,而不是凭空猜测。"与犯罪活动直接相关"突出强调与犯罪活动的关联并非间接的、有其他中介的,通常可以包括共同犯罪人、对向犯、上下游犯罪或关联犯罪的犯罪人、被害人等,而不能仅仅因"关系密切",扩大推定到包括配偶、近亲属、朋友、同事等。[1]

美日两国启动技术侦查措施的最低标准就是必须满足一定的证据门槛,"合理根据"或"足以怀疑"。《刑事诉讼法》第148条规定,公安机关和检察院需要在"立案"后,也就是证据满足立案标准后才能启用技术侦查。而这个标准是非常低的,仅仅是"发现犯罪事实或犯罪嫌疑人"。具体到借助白帽黑客侦查犯罪的问题,很大可能会利用黑客技术,仅仅适用立案的证明标准就可以启动"黑客技术",势必违反比例原则。因此,有必要适当提高适用的门槛、证明标准和程序,严格把握比例原则。且能够使用一种或一类监控手段即可达成侦查目的,就不再使用其他监控手段,如使用移动通信监控即可达到目的,就不再使用家庭电话监控、行踪监控等手段。[2]

---

[1] 王东.技术侦查的法律规制[J].中国法学,2014(5):276.

[2] 王东.技术侦查的法律规制[J].中国法学,2014(5):277.

技术侦查时限的限制。英国一般为3个月,可以延长;法国电信截留最长是4个月;意大利法律规定的窃听时间不超过15日。2012年的《刑事诉讼法》第149条,《公安机关办理刑事案件程序规定》第57条,诉讼规则第265条规定,技术侦查的首次适用期限为3个月,根据侦查的需要可以多次延长,并无最长适用期限的限制。

除了适用罪名、证明标准以及时限的限制等,对技术侦查措施的适用过程中还有严格的事前批准、事中管控、事后监督。

各国适用技术侦查的审批模式有五种:(1)荷兰模式,即"法官授权+检察官授权";(2)德国模式,即"法官授权+行政授权";(3)美国模式,即"法官授权+行政授权+自行授权";(4)日本模式,即"法官授权+自行授权";(5)英国模式,即"行政授权+自行授权"。授权方式从对适用技术侦查措施的控制严格程度的高低依次分为:法官授权、检察官授权,行政授权和自行授权。

侦查机关适用侦查措施都建立了严格的事中管理机制,即要求侦查机关对通信监控、电子监控、窃听监控等监控措施所产生的资料及时封存并交由法官或检察官严格保管,以保证通过技术侦查措施所获材料的真实性和完整性。❶例如,白帽黑客侵入他人计算机信息系统获得的通话记录、聊天日志、证据材料应及时封存交由法官、检察官严格保管。

事后严密监督制度主要体现在技术侦查执行完毕后的告知程序和外部监督程序。告知模式共有两种:(1)美国和日本模式,即附期限与附条件相结合的告知模式,法律规定在一定期限内应当告知当事人,但在有正当理由或有碍侦查时,可延长告知时间;(2)德国和荷兰模式,即附条件的告知模式,法律规定某些限定条件消除后才告知当事人。❷如果

---

❶ 王东.技术侦查的法律规制[J].中国法学,2014(5):279.

❷ 王东.技术侦查的法律规制[J].中国法学,2014(5):279-280.

技术侦查获取的材料最终"不可用",则最初采用技术侦查措施就相当程度地失去"滥用"的动力。❶英国通过技术侦查获得的材料不能作为证据使用,而只能作为获取证据的线索,这在一定程度上也起到对技术侦查的事后监督作用。❷

《刑事诉讼法》应当对技术侦查所获材料的证据资格、证明能力、证据的使用、证据的审查判断等方面做出相应规定,以明确最终作为证明犯罪的证据在诉讼中使用的规制。这种通过宣告程序违法者收集的证据没有法律效力,来发挥惩罚作用的程序性制裁,是程序法中最严厉的制裁措施,也是最能体现对权利人程序性救济的措施,适用于程序性违法严重侵犯个人权益的情形。对于违法适用技术侦查侵犯个人隐私权所搜集的证据,应适用程序性制裁否定其证据能力。❸关于违法监听所收集的证据能力问题,德国刑事诉讼法并未明确禁止使用此种类型的证据。但是,德国法院通过判例确立了禁止使用因违法监听所搜集的有罪证据。

2012年,《刑事诉讼法》修订后,总体来看,技术侦查的实施趋于规范化、法治化,充分考虑了打击犯罪与隐私保障的平衡。但问题仍非常明显:

第一,技术侦查启动依赖于行政审批而非司法审查。❹虽然2012年的《刑事诉讼法》第148条并未明确技术侦查的批准机关是法院,还是侦查机关自己,抑或是检察院。但从实践来看,技术侦查都是由侦查机关经内部行政审批来决定。在普通案件中,公安机关在技术侦查中承担申请、审查、决定、执行等多项职权。在自侦案件中,检察院适用技术侦查除内部行政审批外,往往还需根据调查对象的行政级别报请不同级别的

---

❶ 王东.技术侦查的法律规制[J].中国法学,2014(5):281.

❷ 王东.技术侦查的法律规制[J].中国法学,2014(5):278.

❸ 谢登科.论技术侦查中的隐私权保护[J].法学论坛,2016(3):36.

❹ 谢登科.论技术侦查中的隐私权保护[J].法学论坛,2016(3):38.

政法委批准。行政审批有利效率,便利侦查,但与司法相比,中立性和公正性不足,对个人隐私权的保护也会弱一些。[1]侦查权与司法权相比有两大特性:(1)权力的过度集中和边界模糊;(2)监督机制对权力约束的缺位与失灵。且侦查行为的性质决定了侦查权具有本能的扩张性。[2]

第二,技术侦查适用范围模糊,无法满足人们对隐私保护的合理预期。尤其是何谓"重大"犯罪,标准模糊、主观性强。究竟是已查明系重大犯罪,还是仅仅是侦查人员怀疑有重大犯罪? 实践中没有明确。

第三,缺乏侵犯隐私权违法适用技术性侦查的程序性制裁,不能有效遏制侵犯隐私权的违法行为。《刑事诉讼法》并未明确违法技术侦查侵犯个人隐私权所搜集的证据材料是否应当予以排除。缺乏程序性制裁,就弱化了技术侦查中隐私权保护的制度刚性,不利于威慑侦查机关在适用技术侦查中的违法行为,也不利于个人隐私权的正当程序保障。[3]我国仅规定了强制性侦查措施备案制度,侦查机关应在开始采用这些侦查措施后的3日内向检察机关的侦查监督部门报送相关材料进行备案。然而,备案与司法审查不同,不仅发生在事后,也不具有批准功能,只是有义务通过备案主动接受检察机关的事后法律监督,不同于直接在司法进程中受到来自法官的制约和制裁,其威慑大大小于非法证据排除规则的适用。[4]

综上,在技术侦查的范围没有收窄之前,对利用白帽黑客开展侦查适用技术侦查的条件和程序,还是不够的。应视白帽黑客可能采取的手段的严重程度来判断适用相适应的程序限制。

违法实施强制性侦查行为将给侦查相对人或第三人造成一定程度的权利侵害,因此有必要通过完善相应的控告申诉处理机制予以救济。

---

[1] 谢登科.论技术侦查中的隐私权保护[J].法学论坛,2016(3):39.

[2] 刘伟.如何实现刑事侦查的法治化[J].政法论坛,2017(4):42.

[3] 谢登科.论技术侦查中的隐私权保护[J].法学论坛,2016(3):39–40.

[4] 李建明.强制性侦查措施的法律规制与法律监督[J].法学研究,2011(4):165.

这样,一方面可以及时维护侦查活动相对人或第三人的合法权益;另一方面也可以通过处理这类控告申诉及时掌握侦查机关适用强制性侦查措施中的违法信息,以便有针对性地及时行使侦查监督的权力。❶

---

❶ 李建明. 强制性侦查措施的法律规制与法律监督[J]. 法学研究, 2011(4):166.

结　语

　　网络犯罪作为违法犯罪活动的主要形式和网络技术手段作为犯罪侦查的重要手段,是网络这把"双刃剑"在刑事司法领域的体现。进入21世纪,受恐怖主义犯罪推动技术侦查措施的扩张、个人信息数据化、价值化的驱动以及互联网服务提供商规模化、跨国化的影响,各国政府都有倾向通过立法要求互联网服务提供商尽量配合侦查机关,自愿提供或强制披露自己所拥有、持有和控制的信息数据。这些信息数据主要可以分为用户信息、交互信息和内容信息三类。针对不同的信息,应当采取不同的侦查措施,依照不同的程序,使用不同的法律文书。

　　司法机关在裁量互联网服务提供商是否应当协助侦查机关披露相关信息时,应当遵循合目的性原则、比例原则和法律保留原则。之所以要设置上述程序限制,是为了在网络犯罪侦查中充分保障被告人、犯罪嫌疑人的隐私权、信息自决权、不强迫自证其罪的权利以及公平审判的权利。为配合侦查机关的侦查,互联网服务提供商通常要承担,数据留存和保全义务、披露义务、解密义务和安全管理义务。针对境外的互联网服务提供商,对于存储在境外的数据,是否应当出示的情况,目前各国的做法不一,有的采取服务器标准,有的采取经营标准,有的采取公司所在地标准。

　　尽管应对不同的问题,各国有不同的做法,但总体的政策方向是在保障互联网用户隐私权利、个人信息权利及相关权利不受侵犯的前提下,鼓励互联网服务提供商配合侦查机关的侦查,即在和西方中国的做法上进行折中调和,互相取长补短,将互联网服务提供商与侦查机关的合作纳入法治框架,变个案合作为协议化、常态化的合作,这也必将是未来互联网服务提供商与侦查机关开展合作的必然趋势。最后,回应本书开篇为提出问题而假设之案例,行为人甲在A国被怀疑进行网络贩毒,A国警方已掌握部分证据,但并不清楚其毒品的来源,在搜查甲的通话记录和短信记录无果后,A国警方决定调取嫌疑人甲的邮件记录,也就是2017年3月至6月间的邮件往来情况(包括寄信人、收信人地址,使用IP)等。

第一问:警方如何向提供邮件服务的互联网公司请求提供相关数据?

因上述信息是较为基础的用户信息,大部分互联网服务提供商会自愿配合提供。这也是由于这些信息对犯罪嫌疑人的隐私和信息侵犯较小,属于互联网服务提供商可以自愿提供的信息范围。警方可以使用传票或出示命令的方式来索取上述信息。

第二问:根据邮件服务商提供的数据,警方发现甲与另一行为人乙联系密切,警方进一步想了解两者的通信内容,再次向邮件服务商提出了提供邮件内容信息的请求,这时,该邮件服务商是否应当配合警方调查?

通常而言,由于邮件的内容信息属于涉及内容的信息,在采用信息分级的国家,这些信息都属于最高级别,应获得最高级别的保护,这也不是互联网服务提供商可以随意披露的信息,此时的披露可能违反相关立法的一些禁止性规定。在实践中,大部分互联网服务提供商也是拒绝配合的,主要的顾虑是对用户隐私的保护。

第三问,若互联网服务提供商拒绝,警方通过何种程序可以使邮件服务商强制披露?

警方可以向法官申请出示命令,要求邮件服务商强制披露涉及邮件内容的信息,而不仅仅是发件人、收件人账户名、邮件地址、IP地址等,涉及对邮件通信中所涉各方隐私的保护和信息的保护。这种强制披露的出示命令与搜查令一样,都属于强制性的侦查措施,但其对权利的侵扰强度又不及搜查。搜查通常还涉及对当事人住所的侵扰。

第四问,法官应依照何种准则批准或拒绝签发出示命令?

法官在判断是否签发出示命令时,应当遵循合目的性原则、比例原则和法律保留原则,也就是强制互联网服务提供商披露涉及被告人、犯罪嫌疑人隐私和信息保护的信息,是为了侦查严重犯罪的需要,其手段与目的是合比例的,且没有对犯罪嫌疑人权利侵扰更小的方法实现该侦查目的,所使用的强制披露的手段是法律规定所授权和允许的。

第五问,假设警方通过分析甲乙邮件内容,发现乙并没有售卖毒品给甲,而是贩卖武器,相关邮件内容可否作为定罪依据? 还是应该作为非法证据排除?

这种情况各国做法不一,有的国家作为非法证据排除,因超出了搜查令的内容,但不影响警方根据该线索,另案侦查,用其他证据定罪。但也有一些例外,如必然发现原则等。

第六问,又或者警方通过分析甲乙邮件内容,发现乙并没有售卖毒品给甲,但乙向甲提供了有偿性服务,而卖淫在A国违法,可以被处以治安处罚,相关邮件内容可否作为行政处罚的依据?

从对被告人、犯罪嫌疑人公正审判权利的角度考虑,即使是作为行政处罚的依据,也不应当允许。

第七问,邮件服务商是否应告知甲乙曾向警方提供二人的邮件内容,若应该,应该在何时? 又或者,案件侦查结束后,查实甲乙无嫌疑,是否应由警方主动销毁所调取的电子证据,并告知当事人此情况?

各国做法不一,应当在案件侦查结束后,告知被披露信息的相对人。警方也应当主动销毁已洗清嫌疑的被告人、犯罪嫌疑人的信息数据,并告知相对人。

第八问，假设上述情况中，嫌疑人甲使用的是在 A 国有经营业务，B 国注册登记，服务器在 C 国的一家互联网公司的邮箱，该互联网公司是否应当提供协助？

如果 A 国是美国或荷兰，则该互联网公司不需要披露存储在外国服务器上的信息；如果 A 国是比利时，则该互联网公司需要提供。

我国侦查机关与互联网服务提供商合作之基本设想。第一，应尽快建立数据信息分级制度，按照涉公民隐私的信息和不涉及公民隐私的信息进行分类。互联网服务提供商向侦查机关披露信息的分级制度、备案制度、监督制度、明确必须披露和限制披露的事项。第二，进一步明确互联网服务提供商自愿配合侦查机关提供证据和互联网服务提供商被强制出示证据属于哪一类侦查措施，应当使用的法律文书种类。第三，应当开展互联网服务提供商向域外侦查机关或情报机关提供信息、数据的摸排行动建立互联网服务提供商向境外侦查机关提供证据的审查备案制度。第四，应尽快完善侦查机关雇佣白帽黑客的条件、程序，应将侦查机关雇佣白帽黑客作为技术侦查措施的一种。

附录一

打击网络犯罪:执法部门与互联网服务提供商合作指南

引言

1. 建立信息社会需要加强对信息和通信技术的信任,对个人数据和隐私的保护,在世界范围内各个社会都日益依赖信息通信技术而易受到网络犯罪攻击的背景下,倡导促进一个网络安全的全球文化。

2. 第一届和第二届信息社会世界高峰论坛(2003年在日内瓦,2005年在突尼斯)在众多议题中致力于构建一个包容性的信息社会,其中每个人能够制造、接触、利用和分享信息和知识,发掘他们的潜能,提升他们的生活质量,在联合国宪章的目标和原则的基础之上,充分尊重和遵守世界人权宣言,在政府、私营部门、民间社会和国际组织之间呼吁新形式的伙伴关系和合作。

3. 互联网服务提供商和执法当局在实现该愿景中角色重要。

4. 国家立法协同欧洲委员会网络犯罪公约(布达佩斯公约)帮助各国为公私合作,侦查权力以及国际合作建立一个完善的法律基础。

5. 指南并不旨在替代已存在的法律文件而是提供充分的法律文件以提供一个较好地平衡了侦查权力和相关保障措施以及保护基本人权,

例如表达自由,尊重私人生活、住宅通信和数据权利保护。因此建议各国在本国立法中制定法规以全面履行网络犯罪公约中有关程序的条文,并且明确侦查机关以及执法部门的责任,同时在立法中设置公约第15条所预见的条件和保障措施。这将:

(1)确保执法当局有效率地工作;

(2)保护互联网服务提供商提供服务的能力;

(3)确保国内法规符合全球标准;

(4)促进全球标准而不是零散的国内解决办法;

(5)帮助确保正当程序和法治,包括罪刑法定原则、比例原则和必要性原则。

6. 为实现指南的目的,我们使用网络犯罪公约第1条对"服务提供者"的定义,采用广义的理解:

(1)任何向用户提供通过计算机系统进行交流的能力的服务的公共或私人实体;

(2)任何为通信服务或使用该服务的用户持有或存储计算机数据的其他实体。

7. 为了加强网络安全,最小化为非法目的使用服务和建立对信息通信技术的信任,互联网服务提供商和执法当局以有效的方式互相合作,并合理考量他们各自的角色,合作的成本以及公民的权利是至关重要的。

8. 本指南的目的是帮助执法当局和互联网服务提供商构建他们关于网络犯罪问题的互动。指南基于现存的良好实践,应当在世界范围内各国适用,同时与各国的国内立法相一致,尊重表达自由、隐私、个人数据的保护和其他公民权利。

9. 因此建议各国,执法当局和互联网服务提供商在国内层面采取如下措施:

对执法局和互联网服务提供商的共同指南

10. 执法当局和互联网服务提供商应当被鼓励参与到信息交换中来加强他们甄别和打击新出现的网络犯罪类型的能力。执法当局应当被鼓励告知服务提供者网络犯罪的趋势。

11. 执法当局和互联网服务提供商应促进一种合作而不是对抗的文化,包括分享好的实践。鼓励进行定期会议以交换经验和解决问题。

12. 执法当局和服务提供者应当被鼓励为了互相合作制定书面的程序。如何可以,两者应被鼓励向对方提供针对这些程序的系统的反馈。

13. 为建立长期的、对两方面都有合适保障的合作关系,既不侵害产业一方的合法权益又不减损执法一方的法律权力,执法当局和服务提供者应考虑建立正式的伙伴关系。

14. 执法当局和互联网服务提供商均应当依据联合国和其他可适用的欧洲和国际准则来保护公民的基本人权,例如1950年欧洲委员会保护人权和基本自由公约,1966年联合国公民权利和政治权利公约,1981年欧洲委员会与自动处理个人数据相关的保护个人公约及国内法。以此对合作可能达到的程度进行合理限制。

15. 鼓励执法当局和互联网服务提供商互相合作在国内层面和跨境数据交流时践行和维护隐私和数据保护准则。欧洲委员会和经合组织对这方面工作提供指引。

16. 两房应当注意生成和反馈请求的成本。应当考虑这些活动的经济影响和报销的成本问题以及相关方面的合理补偿等。

执法当局应采取的措施

17. 更广泛的战略合作——执法当局应被鼓励帮助服务提供者一起投入到一个很广泛的战略合作,包括开展常规的技术和法律培训讲座,也包括对服务提供者提出的申诉（complaints）进行调查的反馈，或者对服务提供者举报已知犯罪活动的情报收集的反馈。

18. 有拘束力的合法请求的程序——执法当局应被鼓励制定书面程序，包括对发出和处理有拘束力的合法请求的恰当尽职调查措施，并确保这些请求会依照双方同意的程序被执行。

19. 培训——执法当局应被鼓励给他们人员团队中被指定的小部分提供培训，针对如何执行这些程序，包括从服务提供者处获得记录的方式和如何对收到的信息进行处理，同时包括互联网技术以及这些技术所带来的一般性的影响，如何尊重正当程序以及个人的基本权利。

20. 技术资源——执法部门负责与服务提供者合作的人员应当给他们必需的技术资源，包括接入互联网，机构生成的邮箱地址，将附属机构的邮箱都添加到地址中，以及其他技术资源允许他们从服务提供者那边安全地收到电子化信息。

21. 被授权的人员和联络点（contact points）——执法部门与服务提供者之间的互动应当仅限于受过训练的人员。执法部门应当被鼓励授权一些联络点以便与服务提供者合作。

22. 请求的权威——执法当局应被鼓励以书面程序明确界定哪个执法人员有权力向互联网服务提供商授权哪类措施和请求，以及这些请求如何能被互联网服务提供商证实或鉴别。

23. 执法部门应被鼓励使互联网服务提供商获得有关自己程序的信息，在可能的情况下，使其明确哪个人员或哪个被任命的工作岗位负责与互联网服务提供商合作。

24. 核实来源的请求——执法部门请求核查的来源应当是服务提供者能够证实的。

所有的通信应当包括搜查记录的执法警察的联络姓名、电话号码、邮箱地址，以便服务提供者在出现问题时联络请求的个人；

服务提供者不应当被要求与警察的个人电子邮箱通信,而应当通过适当的机构提供的邮箱账户;

所有信件应当有单位抬头,并且所有信件应当包括机构的总机号码、网站地址,以便服务提供者可以在其认为适当时核实请求的真实性。

25. 请求——执法部门对服务提供者的请求应当以书面形式提出(或其他法律允许的电子化方法)并且保留存档记录。在特别紧急的情况下,口头请求也可以接受,但应当立即紧跟着用书面(或其他法律允许的电子化)方式备注。

26. 标准化的请求格式——在国家层面,如果可能在全球层面,执法部门应当被鼓励将发出请求和回复请求的格式标准化格式化。一个最简单的请求应当包括下列信息:

(1)注册号码;

(2)法律依据的索引;

(3)所请求的特定数据;

(4)核实请求中来源的信息。

27. 请求的明确性和准确性——执法部门应被鼓励保证所发出的请求是具体的、完整的和清晰的,提供足够多的细节以供服务提供者来鉴别相关数据。他们应当被鼓励确保只向有相关记录的服务提供者发出请求。应避免多种或未明确的数据请求。

28. 执法部门应被鼓励在不影响调查和任何基本权利的条件下,尽可能多地提供有关调查的事实,以使服务提供者能够鉴别相关数据。

29. 执法部门应当被鼓励在无关案件的调查技巧上,向服务提供者提供解释和帮助,以便使服务提供者理解他们的合作如何能带来更有效率的犯罪调查和更好的公民保护。

30. 优化——执法部门应当被鼓励优化请求,尤其是那些与大量数据相关的请求,以使得服务提供者能够首先处理最重要的数据。最好全国执法部门,如何可能全世界范围的执法部门以一致的方式优化。

31. 请求的恰当性——执法部门应当被鼓励注意请求对服务提供者产生的成本,并给服务提供者充分的时间回应。他们应当考虑服务提供者可能还需要回应其他执法机构的请求,应当被鼓励仔细监控所提交的数据体量。

32. 数据的机密性——执法部门应当确保接收数据的机密性。

33. 避免不必要的成本和对商业运营的扰乱——执法部门应当被鼓励避免不必要的成本和对服务提供者商业运营以及其他经营类型的扰乱。

34. 执法部门应当被鼓励将使用紧急联络点的服务限制到特别紧急的案件,以确保该服务不会被滥用。

35. 执法部门应被鼓励确保留存命令(preservation orders)和其他条文规定的措施后及时紧跟着披露指令(disclosure orders),或及时通知互联网服务提供商其留存的数据已经不再需要。

36. 国际请求——针对向非国内互联网服务提供商提出的请求,国内执法当局不应当被鼓励直接向非国内的互联网服务提供商提出直接请求,而是应利用国际条约中所规定的程序,例如网络犯罪公约和24/7执法部门联络点网络为紧急措施,包括留存命令/请求;

37. 对国际双边法律协助的请求——执法部门和刑事司法部门应当被鼓励采取必需的步骤来确保对临时措施的请求都紧跟着双边法律协助的国际性程序,或者及时告知互联网服务提供商所留存的数据不再需要。

38. 执法机构之间的协调——执法当局应被鼓励协调各个机构与互联网服务提供商的合作,并且在国家和国际层面互相分享好的实践。国际层面,他们应当为此目的利用好相关的国际代理机构。

39. 刑事合规计划——执法部门应被鼓励以一种全面的刑事合规计

划来组织上文指出的他们与服务提供者的互动,并对服务提供者提供对这种计划的描述,包括:

(1)联系执法部门指定的刑事合规人员所需的信息,包括该人员有空的具体时间;

(2)服务提供者能够向刑事合规人员提供文件所需的信息;

(3)其他对执法部门刑事合规人员的特定具体要求(如执法部门能与多个国家合作的程度,文件被翻译成特定语言等)。

40. 合规系统的审计——执法当局应被鼓励对处理统计目的、鉴别优势和薄弱,如果合适的话发布这些结果等请求的系统进行追踪和审计。

服务提供者应采取的措施

41. 合作以使为非法目的使用服务最小化——服从于适用的权利和自由(例如表达自由、隐私)和其他国家的或国际的法律,也服从于用户协议。服务提供者应被鼓励与执法部门合作来帮助使其服务被用于法律定义的犯罪活动的程度最小化。

42. 服务提供者应被鼓励将已知的影响自己的犯罪事件举报给执法部门。但这并不要求服务提供者主动搜集事实或情况来证明非法活动。

43. 服务提供者应被鼓励协助执法部门对他们进行有关自己服务和操作的教育、培训和其他支持。

44. 跟进执法当局的请求——服务提供者应当被鼓励采取所有合理的努力来帮助执法部门执行这些请求。

45. 回应请求的程序——服务提供者应被鼓励为处理请求和保证请求被按照符合约定的程序跟进制定书面程序,包括恰当的尽职调查措施。

46. 培训——服务提供者应当被鼓励确保对他们负责执行这些程序的人员提供充足的培训。

47. 指定人员和联络点——服务提供者应被鼓励指定受过训练的人员作为与执法部门合作的联络点(contact points)。

48. 紧急协助——服务提供者应被鼓励建立一个执法部门能够在正常营业时间之外联络上他们的刑事合规人员的渠道以应对紧急情况。服务提供者应当被鼓励对执法部门提供有关紧急协助的信息。

49. 资源——服务提供者应被鼓励对联络点或负责与执法部门合作的人员提供必需的资源以使他们能够遵守执法部门的请求。

50. 刑事合规计划——服务提供者应被鼓励以一种全面的刑事合规计划的形式来组织他们与执法部门的合作,并将该计划的描述提供给执法部门,包括:

(1)联系服务提供者指定的刑事合规人员所需的信息,包括该人员有空的具体时间;

(2)执法当局能够向刑事合规人员提供文件所需的信息;

(3)其他对服务提供者方面刑事合规人员的特定具体要求(如服务提供者能与多个国家合作的程度,文件被翻译成特定语言等);

(4)为了允许执法部门提出具体、合适的请求,服务提供者应被鼓励提供给执法部门其向用户提供服务的类型,包括服务的网站链接等信息,也包括为获取更多信息的联络细节等其他信息;

(5)当可能时,互联网服务提供商应被鼓励提供一个基于请求的清单,明确在收到来自执法部门的有效披露请求时,哪些类型的数据可以对每个服务提供,并接受并不是所有的数据对每一个刑事调查都可用。

51. 核实来源的请求——服务提供者应被鼓励尽可能采取措施来核实从执法部门收到请求的真实性,并采取必需的措施确保用户的记录不会被披露给未授权的人员。

52. 回应——服务提供者应被鼓励以书面方式回应执法部门的请求（或其他法律允许的电子方式），确保对请求和回应有备案记录，且该记录不能包括个人数据。

53. 标准化的回应格式——考虑到执法部门使用的请求的格式，服务提供者应被鼓励将他们发送给执法部门的信息格式标准化。

54. 服务提供者应被鼓励以一种及时的方式处理请求，符合他们在书面程序中确定的时限，对执法部门提供指南告知回应请求平均的延迟时间。

55. 信息发送的确认——服务提供者应被鼓励确保传送给执法部门的信息是完整的、准确的和受保护的。

56. 请求的保密性——服务提供者应当确保收到的请求的保密性。

57. 对未能提供信息的解释——服务提供者应被鼓励在拒绝执法当局所发送的请求，或请求的信息无法提供时做出解释。

58. 合规系统的审计——服务提供者应被鼓励对处理统计目的、鉴别优势和薄弱、如果合适的话发布这些结果等请求的系统进行追踪和审计。

59. 服务提供者之间的协调——应考虑反托拉斯/竞争规则，服务提供者们应被鼓励在他们之间协调与执法部门的合作，彼此分享好的实践，并且可利用服务提供者的协会来实现此目的。

附录二

欧洲人权法院判决K.U.诉芬兰案（申诉编号2872/02）判决斯特拉斯堡2008年12月2日最终判决

2009年3月2日

程序

1. 本案是一名芬兰公民（"原告"）在2002年1月1日针对芬兰共和国以违反《保护人权和基本自由公约》（"公约"）第34条为由提出。案件编号2872/02。法庭主席根据原告的请求不公布他的姓名。（法院规则第47条第3节 Rule 47 § 3 of the Rules of Court）

2. 原告代表律师 P. 赫图宁（P. Huttunen）先生，赫尔辛基执业律师。芬兰政府（"政府"）代表外交部阿托·科索恩（Arto Kosonen）先生。

3. 原告声称国家未能履行保护他在公约第8条下的私生活权利的积极义务。

4. 根据2006年7月27日的决定，法院决定宣布原告的申请可受理。

5. 原告和政府双方均提交了进一步的书面意见。（法院规则第59条第1节）经过咨询双方，法庭决定，不需要开庭听取案情（法院规则第59条第3节），双方以书面方式回复对方的意见。另外，法庭收到来自赫尔辛基人权基金会的第三方评论,此前主席允许他们参与书面程序。(Article 36 § 2 法院规则第 44 条第 3 节)

事实

I. 案件情节

6. 原告生于 1986 年。

7. 1999 年 3 月 15 日,一个未知之人或未知的几个人以原告的名字在某互联网约会网站上刊登了一则广告。原告对此并不知情,且当时只有 12 岁。该广告提及了他的名字和出生年份,并对他的生理特征给出了详细描述。关他的网页链接上还展示了他的照片、他的手机号码,只有一位数字正确。广告中写着他正在寻找一名与他同岁或比他年长的男孩带他见见世面,展开一段亲密关系。

8. 当原告收到一个男人的电子邮件,提出见他并给他看他想看的东西时,他才得知网上这个广告。

9. 原告的父亲要求警察确认是谁发布这样的广告,起诉该人。然而,互联网服务提供商拒绝提供泄露这个有问题的动态 IP 的持有者的身份,因为其受到了法律规定的通信保密义务的约束。

10. 警察进而根据第 449/1987 号法《刑事调查法》❶第 28 节,向赫尔辛基地区法院申请要求服务提供者泄露上文所指的信息。

11. 2001 年 1 月 19 日,地区法院做出决定拒绝了该请求。因为没有明确的法律条款授权来命令互联网服务提供者,在违反职业秘密的情况下,披露电信身份数据。法院注意到根据《强制措施法》(*Coercive Measures Act*)第 5a 章第 3 节,以及第 565/1999 号法即《保护通信中隐私和数据安全法》第 18 节,针对特定犯罪,警察有权获取电信身份信息,尽管

---

❶后被第 692/1997 号法案修正。

有保密义务。但恶意的错误陈述并不属于这些特定犯罪。

12. 2001年3月14日，上诉法院维持了该决定。2001年8月31日，最高法院拒绝了上诉。

13. 通过电子邮件，(警方)发现了那个回应广告联系原告的人。

14. 提供该互联网服务的公司总经理不能被起诉，在本案检察官2001年4月2日的决定中可以看到，其涉嫌的犯罪行存在时效问题。被指控的犯罪是对第523/99号法案《个人数据法》的违反，该法1999年6月1日生效。更具体来说，服务提供者未经核实发布者身份就在自己的网站上发布了一个诽谤的公告。

II. 相关的国内法和实践

15. 第94/1919号法《芬兰共和国宪法》，后被第969/1995号法修正，一直有效直到2000年3月1日。该法第8节与现行芬兰宪法第731/1999号法第10条相呼应，规定了每个人都有权让私生活受到保障。

16. 在关键时刻，《刑法》第908/1974号法，第27章第3条规定：

一个人以非上述的方式对另一人通过诽谤的言论，威胁或其他侮辱性行为，做出恶意虚假陈述应当被判处恶意虚假陈述罪，处以罚金或不超过三个月的监禁刑。

如果该恶意陈述是在公开场合做出，或者过错一方使用打印、书面或绘画的方式传播该陈述，或因过错一方导致传播，该责任人应当被判处罚金或不超过四个月的监禁刑。

17. 在关键时刻，《强制措施法》第5a章第3节规定：

"通信监控前置条件

当有理由怀疑某人

(1)(犯了)可被处以不少于4个月的监禁刑的犯罪；

(2)(犯了)使用终端设备针对计算机系统的犯罪、毒品犯罪；或

(3)(犯了)本节上述某一犯罪的未遂犯罪。

当局在展开刑事侦查中,可以授权监控嫌疑人持有的某一通信连接或者推断由他使用的某一通信连接,或者临时性地切断该连接,如果监控或者切断连接所能获取的信息对调查犯罪特别重要……"

18.《保护通信中隐私和数据安全法》第18节第1小节,1999年7月1日开始生效,2004年9月1日被废止,规定:

"尽管第七节规定了保密义务,警察有权获取:

(1)传输到某一特定转录器连接的身份识别数据,当有受害一方和注册连接的所有人的同意时,且为了调查刑法第16章第9a条,第17章第13条第2款或第24章第3a条规定的犯罪的目的所必需……"

19. 个人数据法第48节规定,服务提供者在核实发送者身份之前就在其网站发布诽谤公告的,应负刑事责任。其第47节规定,服务提供者同时还对损害负有赔偿/民事责任。。

20. 在关键时刻,在互联网服务器上处理和发布跟性行为有关的敏感信息,没有征得相关主体的同意,构成违反第630/1995号法《个人档案法》第43节和《刑法》第38章第9条的侵犯数据保护的犯罪,同时构成对《个人档案法》第44节数据保护的违反。此外,它还可能构成对《个人档案法》第42节的违反,可能负损害赔偿责任。

21. 第460/203号《在大众传媒行使表达自由法》第17节,2004年1月1日生效,规定"为网络信息公布识别信息在有逮捕权的官员、检察官和受害方的请求下,法院可以命令发射器、服务器或其他类似设备的保管者对请求者披露某网络信息发送者的身份识别信息,只要有合理的根据相信向公众提供信息内的内容是刑事犯罪。然而,对受害一方公布身份识别信息,仅仅在他(或她)有权对该犯罪提起自诉的前提下才可以被命令公布。请求应当在问题信息公布后三个月内,向设备保管者住所地的地区法院或赫尔辛基地区法院提出。法院可以以罚金为威胁,强迫执行该命令"。

III. 相关国际资料

A.欧洲委员会

22. 近几十年来,通信技术的快速发展导致了各种新型犯罪的出现,也使得传统犯罪能够通过新技术得以实施。欧洲委员会早在1989年就认识到恰当、快速回应这些新挑战的必要。1989年部长委员会通过了关于计算机相关的犯罪的第R(89)9号建议,决心确保侦查计算机相关犯罪的当局拥有合适的特别权力。1995年部长委员会通过了关于与信息技术有关的刑事程序法的第R(95)13号建议。在其中的第12点原则中,"它建议:应当对向公众提供电信服务的服务提供者施加具体的义务,当适格的调查机关命令他们提供信息时,要么通过公共网络,要么通过私人网络提供信息以识别用户身份"。

23. 另一个与跟侦查机关合作的义务有关的原则包括:"9.除受法律豁免和法律保护外,大部分法律系统允许侦查机关命令个人交出在其控制下的物件作为证据使用。以平行的方式,应当制定条款规定侦查当局有权,以侦查当局要求的形式,命令个人提交某计算机系统中的在其控制下任何具体数据。10.除受法律豁免和法律保护,侦查当局应当有权命令对某计算机系统中数据享有控制的某人提供所有必需的信息使得可以接入该计算机系统和数据。刑事程序法应当确保一个类似的命令可以对其他的知道该计算机系统的操作和锁定保存里面数据方法的个人做出。"

24. 1996年,欧洲犯罪问题委员会成立了由专家组成的专门委员会,以应对网络犯罪。尽管前面两条关于实体法和程序法的建议也受到了一定重视,但只有一个具有拘束力的国际文件才可以在打击网络空间犯罪中确保必要的效率。网络犯罪公约在2001年11月23日开放签署,2004年7月1号生效。这是第一个也是唯一一个关于通过网络实施犯罪的国际条约,对全世界的国家开放。公约要求各国将下列行为规定为犯罪行为：非法侵入计算机系统，非法截取计算机数据，干扰数据或计算机系统，滥用设备，计算机相关的伪造和欺诈，儿童淫秽，侵犯版权和相关权利。公约的附加议定书在2003年获得通过，进一步要求对仇恨言论、排外和种族主义进行犯罪化。公约程序性条款的范围也超过了公约中所定义的犯罪覆盖到所有以计算机系统为手段的任何一种犯罪：

"第14条 程序性条款的范围

1. 为了具体刑事侦查和诉讼的目的，各缔约方应当采取立法和其他可能需要的措施来授予本节中规定的权力和程序。

2. ……各缔约方应当将本条第1款中的权力和程序适用于：

a)根据本公约第2条至第11条规定的刑事犯罪；

b)其他以某一计算机系统为手段实施的刑事犯罪；

c)收集某一刑事犯罪中的电子证据。

3. ……"

25. 程序性权力包括以下：快速保存已存储数据，快速保存和部分披露交互数据(traffic data)，出示命令，搜查和扣押计算机数据，实时收集交互数据和拦截内容数据。特别重要的一项权力是命令服务提供者提交与其服务相关的登录者信息(subscriber information)；确实，解释性报告(explanatory report)将甄别行为人中的困难描述为在网络环境打击犯罪最主要的挑战之一：

"第18条 出示命令

1. 各缔约方应当采取立法和其他可能需要的措施来授权有权限的当局命令：

a)在其领域内的某人提交其持有的或控制的，存储在一个计算机系统或具体计算机数据存储中介上的具体计算机数据；和

b)在缔约方领域内提供服务的某服务提供者提交其持有的或控制的，与其所提供服务相关的注册人信息。

2. 本条所涉之权力和程序应受第14条和第15条的约束。

3. 为了本条的目的,术语'注册人信息'是指任何以计算机数据的形式包含的信息,或一个服务提供者持有的任何其他形式的,与其服务的登陆者相关的除交互数据和内容数据之外的信息,并且根据该信息可以确定:

a)所使用的通信服务的类型,所采取的技术条款(technical provisions)以及服务的期间;

b)在服务协议或服务合约的基础上可获得的登录者身份,邮寄和地理地址,电话和其他可联系号码,账单和支付信息;

c)在服务协议或服务合约的基础上可获得的,存在于通信设备安装地点的任何其他信息。"

26. 解释性报告指出,在犯罪调查的过程中,主要有两种情况需要注册人信息。第一,在甄别哪种服务和相关的技术措施被使用过或者正在被登录者使用,如所使用的电话服务的类型,所使用的其他辅助服务类型(如呼叫转移,语音信箱),电话号码或其他技术地址(如电子邮箱地址)。第二,当已知某一个技术地址,需要注册人信息来协助确定相关人的身份。出示命令为执法当局提供了一种可用来替代拦截内容数据,实时收集交互数据的侵扰更少,负担更少的措施。根据公约第20和第21条,拦截内容数据以及实时收集交互数据能被限制适用于严重犯罪。

27. 一个全球会议"合作打击网络犯罪"2008年4月12号在斯特拉斯堡举行,通过了《打击网络犯罪执法部门与互联网服务提供商合作指南》(*Guidelines for the cooperation between law enforcement and internet service providers against cybercrime*)。指南旨在帮助执法当局和互联网服务提供商搭建与网络犯罪相关的互动。为了加强网络安全、最小化为非法目的使用服务,这两方面以一种有效率的方式进行合作是至关重要的。指南列明了执法当局和服务提供者可操作的措施,并鼓励他们交换信息以便加强他们甄别和打击新型网络犯罪的能力。特别是,服务提供者被鼓励与执法当局合作,以帮助将为犯罪活动使用服务的范围最小化,限缩到法定程度。

B. 联合国

28. 在网络空间领域通过的一些决议中,为了本案目的最相关的是联合国大会于2000年12月4日通过的第55/63号决议以及2001年12月19日通过的第56/121号"关于打击乱用信息技术犯罪"的决议。在打击乱用信息技术犯罪的措施中,第55/63号决议推荐:

"(f)法律体系应当允许为了特殊的刑事调查保存电子数据或快速接入电子数据。"

29. 后续的决议注意到不同措施的价值,再次提请成员国考虑这些措施。

C. 欧盟

30. 2006年3月15日欧洲议会和欧盟委员会通过了第2006/24/EC号《关于保留在公共电子通信服务条款或公共通信网络中产生的数据或持有的数据》的指令,修订此前的第2002/58/EC号数据保留指令。该指令的目的是协调各成员国关于通信提供者保留特定数据责任的规定,确保为了调查、侦查和起诉各成员国国内法中的严重犯罪可以获取到数据。它适用于法人和自然人的交互数据和位置数据(location data)以及于甄别登录者(subscriber)和注册用户(registered user)所必需的相关信息。它不适用于电子通信的内容。指令要求各成员国确保特定种类的数据保留从6个月到2年不等的一段时间。第5条列明了保留的数据:

1. 各成员国应确保依本指令保留下列种类的数据:

(a)追踪和甄别某通信源头所必需的信息:

…………

(2)关于互联网接入,互联网电子邮件和互联网电话:

…………

（iii）登录者的姓名和地址或注册用户的IP地址，用户ID或通信时分配的电话号码。

31.成员国最迟在2007年9月15日之前实施该指令。然而，有16个成员国（包括芬兰）将对互联网接入，互联网电话和互联网电子邮件的（数据保留）时间推迟至2009年3月15日。

Ⅳ． 比较法

32． 欧洲委员会各成员国的国内法的比较研究表明，在大多数国家，针对侦查和司法机关发出的请求，不论犯罪的性质，通信服务提供者均有一项具体义务——为侦查和司法机关提交计算机数据，包括注册人信息。有些国家只有一般条款规定了文件和其他数据的制作提供（production），这些一般条款在实践中可以扩展适用到覆盖提交具体计算机和登录者数据的义务。也有些国家仍未执行欧洲委员会网络犯罪公约第18条的相关规定。

Ⅴ． 第三方提交的意见

33． 赫尔辛基人权基金会提交意见认为，本案提出了一个如何平衡保护隐私、荣誉、声誉以及实践表达自由之间关系的问题。该基金会认为，本案为法庭提供了一个契机来界定在这个问题上成员国的积极义务，进而促进在成员国之间形成使用互联网的共同准则。

34． 赫尔辛基人权基金会指出，互联网是一种非常特殊的通信方法，且互联网使用中的一个根本原则就是匿名。高度匿名鼓励了自由的言论和不同观点的表达。另外，互联网也是一个有利的工具，被用来诽谤或污蔑他人，或侵犯他人的隐私权。考虑到互联网的匿名性，受害人常处于弱势一方。与传统媒体相反，被害人往往不能轻易找到诽谤人，因为该人很可能躲藏在一个昵称（nickname）背后，甚至使用假的身份。

法律

I. 被控违反（欧洲人权）公约第8条和第13条

35.原告声称他的私人生活被侵犯，触犯了公约第8条，且不存在有效的救济措施能够披露在互联网上使用原告名义发布诽谤文本之人的身份信息，与公约第13条相悖。

第8条规定：

1. 人人有权使他的私人和家庭生活，他的家庭和通信受到尊重。

2. 公共机关不得干预上述权利的行使，但是依照法律的干预以及在民主社会中为了国家安全、公共安全或国家的经济福利的利益，为了防止混乱或犯罪、为了保护健康或道德、为了保护他人的权利与自由，有必要进行干预者，不在此限。

第13条规定：

任何人在他享有的本公约规定的权利与自由受到侵犯时，有权向国家当局要求有效的补救，即使上述侵犯行为是担任公职身份的人员所犯的。

A. 双方当事人的意见

36. 原告提交意见认为，当时的芬兰立法是保护犯罪分子的，隐私被侵害的被害人无从获得救济和保护。根据刑法典，该争议行为是可罚的，但政府忽视了确保《通信法》（*Telecommunications Act*）与《强制措施法》（*Coercive Measures Act*）中关于隐私保护和数据安全的规定相协调。他认为，寻求民事损害赔偿的随机可能性，尤其是从作为第三方，并不足够保护他的权利。他强调，他没有任何手段能找出将广告放到互联网上的那个人。尽管在某些案件中赔偿可能是一种有效救济，这取决于该赔偿是否是侵害被害人的人所给付，然而本案并不是这种情形。政府则认为，如果事件发生时新法已经存在，则该请愿将变为不必要的。原告看来，政府在关键时候没有给他保护，且未提供任何正当理由。他认为，本案因此存在对公约第8条和第13条的违反。

37. 政府强调本案中对原告私人生活的侵扰是由另一个个人做出。(本案的)争议行为在国内法中被认为是恶意虚假陈述行为,应当以恶意虚假陈述行为被处罚,是具有威慑效果的。当时已经启动过搜寻侦查,以查明将广告放到互联网上的人的,但不成功,因为当时生效的法律旨在保护表达自由和匿名表达的权利。立法过于保护在互联网上匿名发布的信息,甚至包括那些可能侵扰他人隐私的信息。该保护的负面效果应归于侵犯他人隐私的信息的概念不清这一事实,因此不可能清晰地将这类信息排除在法定保护之外。然而,存在其他的救济可行,如《个人数据法》(Personal Data Act),该法针对恶意的错误陈述提供了保护,也就是根据该法服务器的运营者应当负上刑事责任和损害赔偿责任有义务确保由其记录下来的敏感数据须经数据主人的同意才能处理。更重要的是,尽管个人数据犯罪存在诉讼时效,但原告仍然有可能从广告的发布者处寻求赔偿。通过与X和Y诉荷兰案(1985年3月26日判决,系列A第91号)比较,本案是一个相对较轻的犯罪,损害赔偿责任提供了充分的威慑效果。此外,原告还有其他机制可求助,如预审警官的侦查、公诉、法院诉讼和损害请求。

38. 政府认为,注意到案发时立法状况所处的社会背景应该是非常重要的,那时正是互联网使用快速增长的初期。目前的立法,《在大众传媒中行使表达自由法》(the Exercise of Freedom of Expression in Mass Media Act)(第2节和第17节),2004年1月1日生效,给了警察更大的权力,为了刑事侦查的目的,可以突破对网络匿名信息发布者的保护。新的立法反映出立法者对社会发展的回应,也就是对互联网使用增长的同时滥用也在增长,因此需要重新定义保护的界限。然而,由于社会(发展)情况的变化,后续的立法在尊重表达自由的同时,进一步加强了对私人生活的保护,尤其是对匿名网络信息的发布者的保护。

39. 然而,本案中最重要的是,即便案发时生效的立法也为原告提供了针对散布侵犯隐私的信息的诉讼手段。信息发布其上的互联网,其服务器运营者依法有义务核实相关人员是否同意处理有关他(或她)的敏感信息。该义务有刑事责任和损害赔偿责任作为支撑。因此,立法给予了原告足够的隐私保护和有效的法律救济。

B. 法庭意见

40. 本庭注意到,在本案起初,当时12岁的未成年原告,成为相亲网站上一则性广告的对象。然而由于当时的法律规定,无法从互联网服务提供商那里获得将该广告发布在网上的人的身份信息。

41. 能够适用公约第8条是毫无争议的:构成申请之基础的事实涉及"私人生活"的问题。"私人生活"这个概念包括了一个人的身心健康(见 X 和 Y 诉本案荷兰案,第22节)。尽管本案在国内法的维度下是一个恶意虚假陈述的问题,但本案更愿意强调"私人生活"这一概念的某些特殊方面,如被诉情况对原告身心健康福祉的潜在威胁,以及原告这么小的年龄和他的脆弱性。

42. 本庭重申,尽管公约第8条的对象主要是保护个人免受公权力机关的任意侵扰,但它不仅仅只要求国家放弃这样的侵扰。在这种主要是消极义务的承担之外,还可能存在固有的积极义务,即对私人生活或家庭生活的有效尊重。(见艾里诉爱尔兰,1979年10月9日判决,系列 A 第32号,第32节)

43. 这些义务可能包括了采取一些专门措施来确保对私人生活的尊重,包括甚至是在公民之间确保。确保对私人生活的尊重有不同的方式,且国家相应义务之性质也取决于需要保护的私人生活的特殊方面。在确保与公约第8条相符的选择上,原则上国家在有效威慑和严苛立法之间有裁量余地,当涉及根本价值和私人生活的重要方面时,需要有效的刑事法条款。(见 X 和 Y 诉荷兰案,第2-24节以及第27节;奥古斯特诉英国案,第36505/02号,2003年1月21日,以及M.C.诉保加利亚案,第39272/98号,第150节,欧洲人权法院203-XII)。

44. 但是,国家当局裁量余地的界限则受制于公约的条文。鉴于公约首要的是一个保护人权的制度,本庭在解释公约条文时,必须考虑到成员国的情况变化,并对这些新出现的向(人权)准则靠拢的转变做出回应。(见克里斯汀·古温德诉英国,第28957/95,第74节,欧洲人权法院2002-VI)。

45. 本庭认为,尽管本案可能并未达到"X和Y诉荷兰案"的严重程度,后者对公约第8条的违反源于对强奸残疾女孩缺乏有效的刑事制裁,但本案绝非一件小事。该行为首先是犯罪行为,且涉及一位未成年人,使该男孩成为恋童癖者想要接近的对象。(也见,第41段与此相关内容)

46. 政府承认在当时,无法命令服务器的运营者提供甄别犯罪人的信息。政府所认为的保护仅仅是针对服务器运营者存在"恶意虚假陈述"这一刑事犯罪,可能对运营者提起刑事指控或损害赔偿之诉。对刑事指控,本庭认为,如果没有手段找出真正的犯罪人并将其绳之以法,那么存在"恶意虚假陈述"的犯罪只有有限的威慑效果。在此,法庭注意到(政府的做法)没有排除公约第八条下国家对确保公民个人身体或精神健康之积极义务的可能性,则可能会引申出有关刑事侦查有效性的问题,即便是国家代理人的刑事责任不在讨论之列的情况下。(见奥斯曼诉英国案,1998年10月28日判决,判决和决定的报告1998-VIII,第128节)本庭认为,国家负有一项根植于公约第8条的积极义务,应将针对个人的行为犯罪化,包括犯罪未遂,并且通过在实践中有效侦查和起诉来适用刑法条文以增强威慑的作用。(见M.C.诉保加利亚案,见上文,第153节)当一个孩子的身心福祉受到威胁时,这种禁制令将显出更多的重要性。法庭回顾了上述案件,性侵犯毫无疑问是一种令人厌恶的违法行为,使被害人衰弱。孩童和其他脆弱人群,有权利获得国家以有效威慑形式的保护,保护他们私人生活的重要方面免受严重侵扰。(见斯塔宾斯等诉英国案,1996年10月22日判决,第64节,报告1996-Ⅳ)

47. 根据政府的论点,原告有可能从第三方获得损害赔偿,也就是从服务提供者。本庭认为,在本案的情况下,这是不够的。很明显,公共利益和保护侵害身体和精神健康之犯罪的被害人的利益,要求能够获得这样的救济,即确保真正的犯罪人可以被找到,并将其绳之以法。在本案中,也就是找到那个以原告名义发布广告之人,进而被害人可以向他寻求经济赔偿。

48. 法庭承认现代社会警察事务的困难之处,一项积极义务应当以不对当局或如本案,不对立法者施加不可能或不相称的负担的方式被解读。另一个相关的考量是,需要确保控制、预防和侦查犯罪的权力以一种完全尊重正当程序和且合法限制犯罪侦查,将犯罪分子付诸司法的限制。包括那些规定在公约第8条和第10条的保障措施,保证犯罪分子本人也能倚赖这些规定。本庭对政府有关任何立法缺陷应当结合立法当时的社会背景的观点高度敏感。本庭注意到本案相关事件发生在1999年,众所周知那时互联网可以用作犯罪目的,恰恰因为它匿名的特性。(见第22和24段)。与此同时,这十年间儿童性侵的泛滥猖獗也为人所知。因此不能说,答辩政府没有机会建立一个制度,保护儿童被害人不在互联网上暴露为恋童癖者的目标。

49. 本庭认为对原告切实可行的有效保护需要采取有效的步骤来找到并起诉行为人,也就是那个将广告发布在网络上的人。而在本案中,并没有提供这样的保护。无法发起一个有效侦查,因为保密性的要求高于一切。尽管自由表达和通信的保密性是主要的考量,且通信和互联网服务的用户也应当获得一个保证。保证他们的隐私和表达自由被尊重,但这种保证不能是绝对的,有时必须屈服于其他正当的需要,如预防混乱和犯罪,或保护他人的权利和自由。不偏不倚地回答将这则冒犯的广告放在互联网上的人的行为是否可以引起公约第8条和第10条的保护这个问题,考虑到它应受谴责的属性,该任务应属于立法者,应由他们提供一个框架来协调在这种情境下为获得保护相互竞争的各种诉求。然而这种框架在案发当时并不存在,故此芬兰对原告的积极义务不能履行。该不足后续被弥补了。然而,后面由《在大众传媒行使表达自由法》引入的机制对原告来说为时已晚。

50. 本庭认为本案中存在对公约第8条的违反。

51. 鉴于与公约第8条相关的发现,本庭认为不需要考察本案是否违反了公约第13条(见萨利宁等诉芬兰,第50882/99号,第102和第110节,2005年9月27日以及科普兰诉英国,第62617/00号,第50-51节,ECHR 007-…)。

II. 公约第41条的适用

52. 公约第41条规定:

"如果法院认为有侵犯公约及其议定书事实,且如果相关缔约方的国内法仅允许部分的赔偿,法院应当在必要的情况下,授予受害方公正的补偿。"

A. 损害赔偿

53. 以非财产损害的名义原告请求3500欧元精神损害赔偿。

54. 政府提交意见认为赔偿金不应当超过2500欧元。

55. 本庭认为已证实原告遭受了非财产损害。本庭认为仅仅认定违法不能提供充分恰当的满意。因此应当裁定赔偿金。在公平的基础上,判决决定对原告的该项请求赔偿原告3000欧元。

B. 诉讼费用

56. 原告请求2500欧元用以支付发生在国内诉讼和本次诉讼中的费用。

57. 政府质疑原告是否提供了所需的相关文件证据。

58. 本庭注意到（原告）没有提供法院规则第60条所要求的文件证据。驳回原告的这项请求。

C. 不履行利息（default interest）

59. 本庭认为不履行利息应当在欧洲中央银行的保证金贷款利率的基础上增加3个百分点为宜。

基于上述理由，本庭一致：

1. 认为本案构成对公约第8条的违反；

2. 认为本案不需要考察是否构成对公约第13条的违反；

3. 认为：

（a）针对非财产损害，答辩国家应当在判决生效之日起三个月内，根据公约第44条第2款，给付原告3000欧元，并支付因此可能产生的税费；

（b）从上述三个月届满至达成和解协议应当以上述数额为基数支付简单利息，利率等于欧洲中央银行在默认期限的保证金借贷利率加上3个百分点。

4. 驳回原告其他请求。

根据法院规则第77条第2款和第3款，判决以英文完成，2008年12月2日书面送达。

书记官   庭长

Lawrence Early   Nicolas Bratza

劳伦斯·厄尔利   尼古拉斯·布拉察